長安七四五年

著者／梅心怡、趙家璧
繪者／韓采君、趙大威、邱書怡、胡博閔、張智強、許智傑、程樂薈

發行人／林載爵
叢書企畫・編輯／梅心怡

出版者／聯經出版事業股份有限公司
地址／新北市汐止區大同路一段369號1樓
電話／(02)89625588轉5305
聯經網址／www.linkingbooks.com.tw
電子信箱／linking@udngroup.com

2014年10月初版・2021年1月初版第二刷
ISBN：978-957-08-4459-7
定價：新臺幣 380 元

Chang'an in 745
© 2014 Hsin-I Mei, Chia-Pi Chao, Tsai-Chun Han, Ta-Wei Chao, Shu-Yi Chiou, Milan Hu, Chih Chiang Chang, Chih-Chieh Hsu, Le Yun Cheng
First published by Linking Publishing Company, Taiwan
Authors: Hsin-I Mei, Chai-Pi Chao
Illustrators: Tsai-Chun Han, Ta-Wei Chao, Shu-Yi Chiou, Milan Hu, Chih Chiang Chang, Chih-Chieh Hsu, Le Yun Cheng

In 745 AD, Chang'an, the capital of more than ten Chinese dynasties, had reached its glorious peak during the Tang dynasty. Emperor Xuanzong, the victor of a complicated royal conflict, had become the seventh emperor of this enormous empire in his late twenties. During his thirty-years reign, the Tang dynasty had entered its golden era. The empire not only expanded its territory and the influential power across the continents, but also marked as a high point in Chinese civilization. With the growing urbanization and the international trade, ethnicities of Japan, Silla, Persia, Sogdia, India, Tibet, and many other regions all came into Chang'an. They brought in splendid foreign cultures and various religious practices, including Buddhism, Nestorian Christianity, Manichaeism, Judaism, and Zoroastrianism. The plethora of different ethnicities made the Tang dynasty the most unique cosmopolitan empire of China.

Chang'an in 745 captures the cosmopolitanism of the Tang period. It uses vivid and colorful drawings as well as plain and simple language to illustrate the splendor and gaiety of this metropolis, and to reconstruct its glory and beauty. This book leads the readers to visit the royal palaces, the prosperous markets, and the attracting playgrounds to describe the ambitious young men along with beautiful women in Chang'an. It also explains the civil service examination, a system that would lasted for one thousand years and dominated the bureaucracy, the foreign embassies and international transportation that stimulated the booming in economy and the interaction among different cultures, the poems and arts which celebrated the glories of the capital, and the various religious traditions that rooted in this tolerant city. Through the flourishing cultures and the vitality of Chang'an, we can see the magnificence and prosperity of the Tang empire.

文化部 MINISTRY OF CULTURE　本書由文化部補助出版發行

長安

七四五年

# 長安 七四五年

|目錄|

8世紀中葉，人類文明在世界各處都斐然有成，無論是已在中亞吞併波斯的阿拉伯帝國、以君士坦丁堡為首都的拜占庭帝國、抑或遠在中美的馬雅城邦，都在文化上達到相當的高度。而李氏家族建立的大唐帝國更是這時期最璀璨的明星。國力全盛時曾橫跨歐亞的大唐帝國，軍力強大、社會開放，與鄰近國家往來頻仍，渭水流域的都城長安也成為最龐大、最具影響力的國際都市。

西元745年，唐玄宗三十年來的治國成就，全然展現於都城旺盛的生命力中。期待一本萬利的西域商人、懷抱入仕想望的文人、追求知識的外國學者，紛紛不遠千里匯集長安。人文薈萃的長安城不管是商業、娛樂還是宗教都顯現出繽紛多元的氣氛。此時玄宗對藝術的追求逐漸凌駕治國熱誠之上，龐大帝國的種種隱憂也在榮景中浮現。安居樂業的長安貴族與庶民們，正站在盛唐的頂峰，卻也將在未來二十年間目睹帝國榮光的消褪。

**國際都城長安**

在李氏王朝與女皇武則天百年的勵精圖治下，玄宗皇帝在位的開元、天寶年間，都城長安的榮景是盛唐國力與文化的最佳展現，也是令各國人士嚮往的國際都市。春天的大慈恩寺雁塔下，聚集著意氣風發的新科進士，東西市中來自西域和南洋的商旅絡繹不絕。無論身懷文采、武藝的人才，或是音樂舞蹈方面的藝術家都能在長安找到屬於自己的一席之地。

**崇尚唐風的日本**

奈良時代的日本積極引入中國的典章制度與文化宗教，無論是建築、工藝、樂舞都接納吸收唐代的式樣。信奉佛教的聖武天皇在728年出資興建「金光明四天王護國之寺」，又稱「東大寺」，並發願建造盧舍那佛像。這座當時高86公尺的佛像，耗費百萬人力，費時七年，是世界最大的青銅佛像，而放置大佛的大佛殿則是世界最大的木造建築。

## 宗教改革的拜占庭帝國

由於東正教內部反對偶像崇拜的呼聲漸高，西元726年起，拜占庭帝國的皇帝李奧三世（Leo III）展開聖像破壞運動，禁止宗教圖像及雕刻的使用與崇拜。745年，李奧三世的繼任者君士坦丁五世（Constantine V）持續推行此項運動直至離世。這期間，大量的聖像藝術品遭焚毀，帝國各處的教堂聖像雕刻都被官方使用石灰水洗清而消失。

## 熱帶雨林中的馬雅

以石器製作和農耕為主的馬雅文明，在8世紀遍及中美洲雨林地區。擁有十萬至二十萬居民的蒂卡爾城，是馬雅全盛期所發展的數百座城市之一。城市中的金字塔與皇宮是宗教與政治結合的權力中心。馬雅文明也是同時期美洲各文明中唯一擁有文字者，以神權建立國家的馬雅貴族們，將族譜、戰爭事蹟與各項成就，雕刻在石板上流傳後世。

## 基督教紮根的法蘭克王國

8世紀初葉，盎格魯─撒克遜基督教以「盎格魯─撒克遜使命」之名在法蘭克王國（法國、德國地區）傳播基督教。英格蘭主教聖波尼法爵（St. Boniface），在出任法蘭克王國的美因茨主教期間便是最積極的代表人物。被稱為「日耳曼使徒」的他，曾在崇拜陀爾神的日耳曼人面前，當眾將一棵代表陀爾神的大橡樹砍倒，他的積極作為也為德國基督教化打下基礎。

短暫的隋代在三十八年間（581-619）匆匆謝幕，他們自認承受天命而規劃的大興城，成為後繼者唐代的都城基礎。宏偉的長安城由36.7公里長的外城郭圍繞，龍首渠、清明渠、永安渠和天寶元年（742）新築的漕渠，自三面引渭水入城，使水源充足。從正南的明德門至皇城北側的玄武門，距離為8.6公里；東側的春明門到西側的金光門距離則長達9.7公里。這個廣達84平方公里的巨大城市，不但是大唐帝國政治、軍事和經濟的中心，更是當時世界規模最大，人口最多的都市。

經過一百多年的穩定發展，長安在天寶4年（745）時，京兆府轄下的萬年、長安、咸陽等縣，有一百九十六萬以上的人口登記在籍，這還不包括因經商、應試或尋找機會而暫以長安為家的流動人口。此時，唐太宗於隋代皇城以北增建的大明宮，與當朝玄宗皇帝改建的興慶宮，都已成為皇城的一部分。由於理政中心往新宮殿移動，長安城東偏北，便於上朝的城坊就成為王公與官員的聚居之地；而接近西市，地勢較低窪的城區則成了商賈庶民的生活空間。安善坊以南的許多坊里人煙稀少，街旁也常被居民闢為菜圃，但城南的曲江池和它北面的樂遊原，是長安居民不論貴賤都深深喜愛的踏青攬勝之地。

❶ 大明宮　❺ 大雁塔、大慈恩寺　❾ 青龍寺　⓭ 祆祠
❷ 興慶宮　❻ 國子監　❿ 大荐福寺　⓮ 平康坊
❸ 東市　❼ 宣陽坊　⓫ 肅明觀　⓯ 昌樂坊
❹ 西市　❽ 興化坊　⓬ 波斯胡寺　⓰ 安善坊

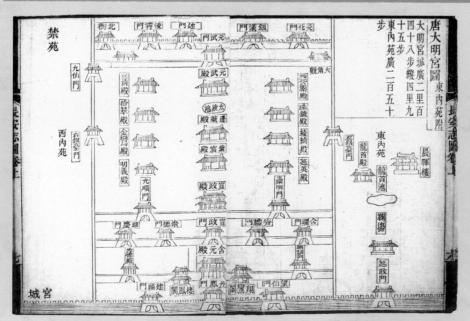

宋熙寧9年（1079），學者宋敏求有鑑於唐開元年間的《兩京新記》等著作都只為唐代長安城留下文字紀錄，因此致力於蒐集實錄、傳記、碑刻、圖誌，甚至是筆記等各種城市資料，留下《長安志》這部詳述長安城自漢代以來沿革的巨著。此書的宋刻本已失傳，傳世的是明、清兩代與元人李好文《長安志圖》合刻的版本。左圖即為《長安志圖》中的大明宮平面圖。

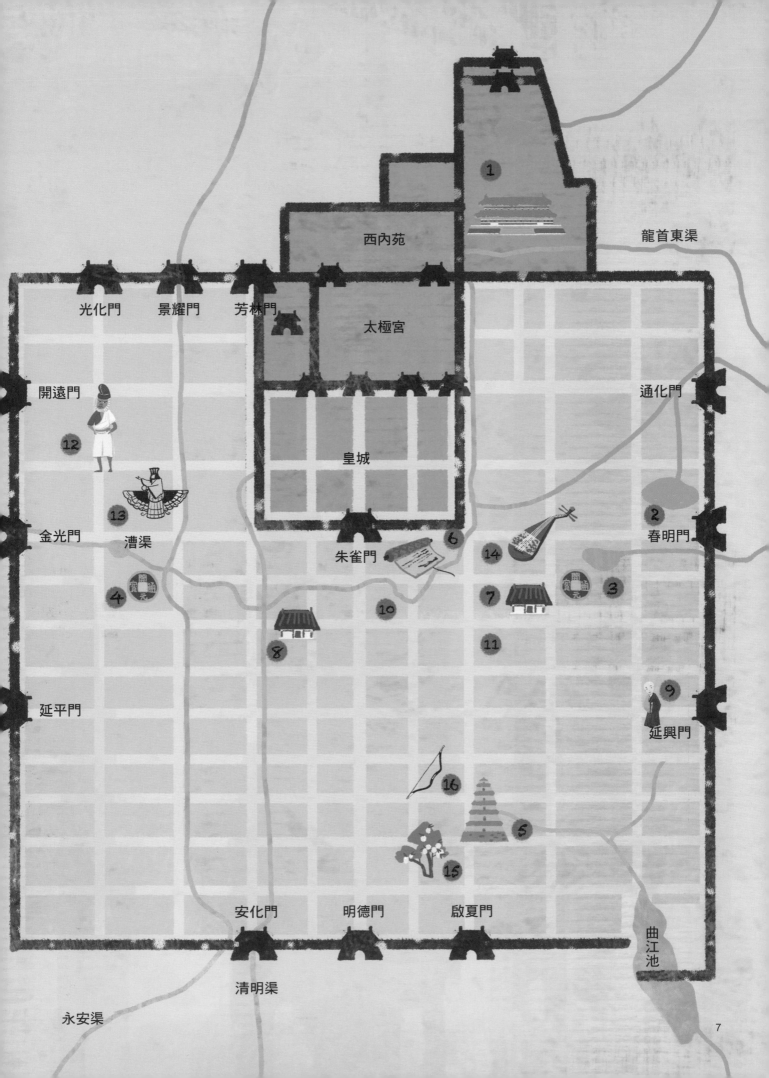

龍首東渠

西內苑

太極宮

光化門　景耀門　芳林門

開遠門

通化門

皇城

朱雀門

金光門　漕渠

延平門

春明門

延興門

安化門　明德門　啟夏門

曲江池

清明渠

永安渠

清晨五更三籌*，從皇城內的承天門到南北貫通的朱雀大街，長安城內六處街鼓聲聲應和，四百響的街鼓，分為幾波才剛停歇，朦朧的朝色漸漸爬上長安城的東牆。宵禁結束了，趕早出城的人們，這時才能匆匆踏出坊門，向朱雀大街的盡頭聚攏，等待城門大開。而微啟的城門外，則是來自四面八方等待進入長安的人們。有些是從鄰近鄉間進城買賣的商販，也有些是身懷通關過所的遠道旅人，在轉換了數次水路、陸路後，正一邊清點牲口上的行李、一邊準備貨品的查驗入城手續。雖然旅人們在風塵僕僕的行裝下略顯疲態，但看見明德門雄偉的城樓時，仍難掩驚歎的神情。

作為長安城南端的正中之門，明德門的建築氣勢恢弘，出入口共有五個門道，為全城最多。但平時人們能用的只有四個；騎馬駕車的人通過最外側兩個門道進出，往內的兩個門道則讓徒步的行人使用，而正中央的門道，平時都緊緊關著，唯有皇帝出巡時刻才有開啟的機會。

**\*更籌**
原指報時器夜間報更用的計時竹籤，後代指計時單位。自晚上7點至隔日早上5點均分為五更，一更即戌時，為晚上7-9點，五更則是寅時，為早上3-5點。每一更又分為五籌，因此五更三籌約是早上4點左右。

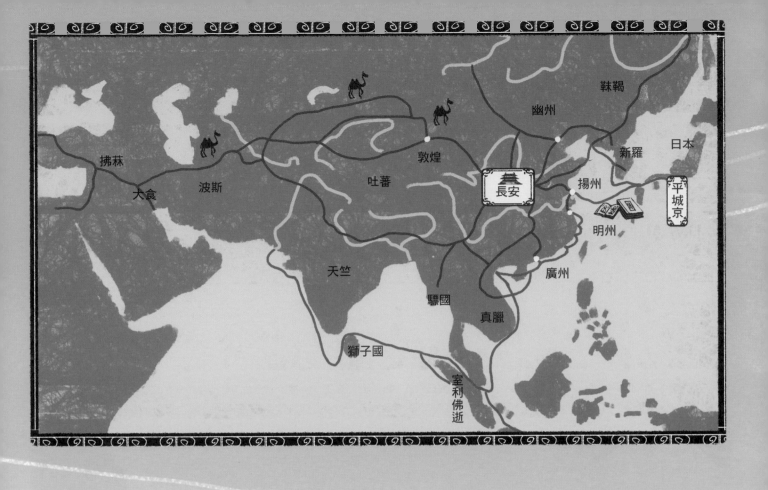

## 交通便捷的唐代

天寶年間的長安，可說是牽引歐亞大陸脈動的核心城市之一，透過軍事、外交、文化與商業的力量，大唐帝國突破地理屏障的限制，以陸路與海路與鄰國密切往來。以長安為中心，隨著西域駱駝商隊的腳步，往西北可穿過敦煌與蔥嶺，向西南可通過天竺，一路走到裡海沿岸的波斯、大食。朝東北則能沿東海的海岸線走陸路直達渤海岸邊的靺鞨國，或出航東海，前往東方海外的日本。南方的海路更為遼闊，自南海出航，途經真臘、繞行天竺南端，直到大食南岸的港口，都能見到大唐的船舶。

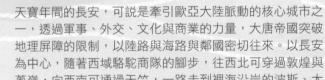

康家的商隊自波斯東側的康國（康居國）出發，途經碎葉城、踏進玉門關，在涼州歇腳後，又跋涉了數日，在今天一早到達長安城。他們駝鈴的聲響才傳進西市的坊門，牙人胡二就已聞風而至，胡二正試著拉攏康家一行的生意。他說康家這次攜來的香料、珠寶甚至是女奴，若交給他介紹，勢必能找到好買家，迅速得個好價錢；又說，如果康家回程時想添上兩匹駱駝，也請務必找他介紹可靠的牲口賣家。其實，像康家這樣的粟特人商隊，可說是東、西兩市的貿易主力，他們大多來自波斯東側的石國、曹國、康國等聚落。粟特人的男子大多在二十歲前後就跟隨商隊踏上旅途，繁盛的長安自是他們趨之若鶩的寶地。隨著頻繁的交流，信奉袄教的粟特商人們，除了經營自己的商號酒肆外，也在長安城中延續信仰，建立袄祠。

**▼牙人**

牙人指的是仲介買賣兩方的商業掮客，開元、天寶年間商業鼎盛，牙人在市場上撮合買賣兩方，賺取仲介費用。但在遇到牲口或奴婢這類買賣風險較大的商品時，牙人還必須在契約上連帶擔保商品的健康與合法性。

### 錢帛兼行的市面

從西漢一直流通到隋代的五銖錢銅幣，在唐高祖武德4年（621年）正式地下台一鞠躬，取代它的新貨幣是朝廷統一鑄造的「開元通寶」。「開元通寶」也是銅幣，一枚1文錢，十枚為1兩，正如歐陽詢在錢範上書寫的「開元通寶」四個大字，它的發行正是大唐朝廷對官鑄銅錢全面流通的期望。雖然開元通寶的使用象徵了金屬貨幣的普及，但銅幣並不是市面上唯一承認的貨幣，通稱為「絹帛」的絲織品，也是用於計價、稅賦與交易的貨幣之一。舉例來說，當官方需要徵調民間人力協助工作時，一人一天的工錢，依規定就要付給3尺絹，天寶3年時，一匹布索價200文，所以3尺絹就等同於15文錢。此時的米價還算穩定，長安城中約莫13文錢就能買到1斗米，所以辛苦服一日徭役的工資，應是足夠一個小家庭溫飽了。

這裡的一斛米等同於10斗，1斗米大約是12.5公斤。

有別於先前五銖錢以重量為單位的命名方式，開元通寶除了是貨幣以「寶」為名的開端，也開啟了中國貨幣採用十進位制的新時代。

一匹絹帛有40尺長，唐代的1尺約是30公分左右。

### 櫃坊與質庫

將一千枚開元通寶串在一起，就成了1貫錢，1貫錢重達6斤4兩（約3.8公斤），所以，如果你是奔波營生的客商，出門得帶的貨款絕不止幾貫錢，旅程中攜帶大量銅幣既沉重也不安全。因此，東西市中，不管是波斯商人經營的「波斯邸」，還是藥店一類醒目的商家邸店，都開始提供寄放銅錢的新服務。到了玄宗開元年間，寄放貨款資金的服務，已發展成「櫃坊」這樣的專門行業，當交易金額較大時，商人可待買賣成交後，再請對方至櫃坊領取自己存放在那兒的金錢，或將新得的貨款鎖進櫃坊。櫃坊因資金充裕，有時還能滿足商家，甚至是官方借貸金錢的需求，並收取利息。除了銅錢外，也可使用帛、粟、麥向櫃坊抵押借錢或進行存款。

「質庫」則是當鋪，在長安城中十分常見。急需用錢的人，都能拿有價值的財物到質庫借貸銀錢。早年的質庫多由佛寺經營，但近年來，許多資本雄厚的富商，甚至是官員貴族都開始做起質庫的生意。雖然朝廷一再禁止官員經營質庫牟利，但是因為利息利潤驚人，而且抵押品常常包括了許多奇珍異寶，私下經營質庫的官員一直未曾根絕。

晌午已過，進京赴試的趙十郎打算穿過西市回到今晚寄居的西明寺。雖然他惦記著要在日落夜禁前回到寺廟所在的延壽坊，但西市熱絡的市面，與人們來自四面八方的衣著與口音，總在每個店鋪和轉角拖慢他的腳步。巷曲中竄出某個王孫家的華美牛車，隨侍的大漢頭髮捲曲皮膚黝黑，想必是人稱崑崙奴的外國奴僕；據說他們來自南海諸島，不但健壯俐落且識水性，是現今長安官家、富豪之家求之不得的幫手。而街邊一位手牽黑驢的獨行娘子，或許是她頭戴帷帽的裝束吧，讓路人都多看了兩眼，畢竟比起近年女子頭戴胡帽，甚至露髻而行的打扮，她帽簷那圈垂在頸間的絲帛，讓大伙兒不禁憶起了一點武后及中宗神龍年間（705-707）的古風。

而在下個街口，方進城的商隊，鬧鬧嚷嚷地在邸店旁卸貨，箱籠裡盡是西域奇珍的香料。對面賣花的鋪子也趕早擺出巧製的盆飾配上新色的牡丹，希望3月盛開之時，能讓富貴人家為之一擲千金。酒肆中傳出的新奇爽颯的樂聲，趙十郎心想，這應該是出自城中聞名的龜茲樂師吧，或許在這樂聲之下，還有幾位身姿曼妙的胡姬正為宴飲的官家郎君們翩翩起舞。但這一切榮華的景象，都比不上那位乘輿而過的官員讓趙十郎更加心嚮往之。想到這他不禁加快腳步，打算早回居處為過兩日行卷的詩文再加把勁，但他仍不忘在路邊買幾個溫熱噴香的芝麻胡餅，等等文思泉湧時才好挑燈夜戰。

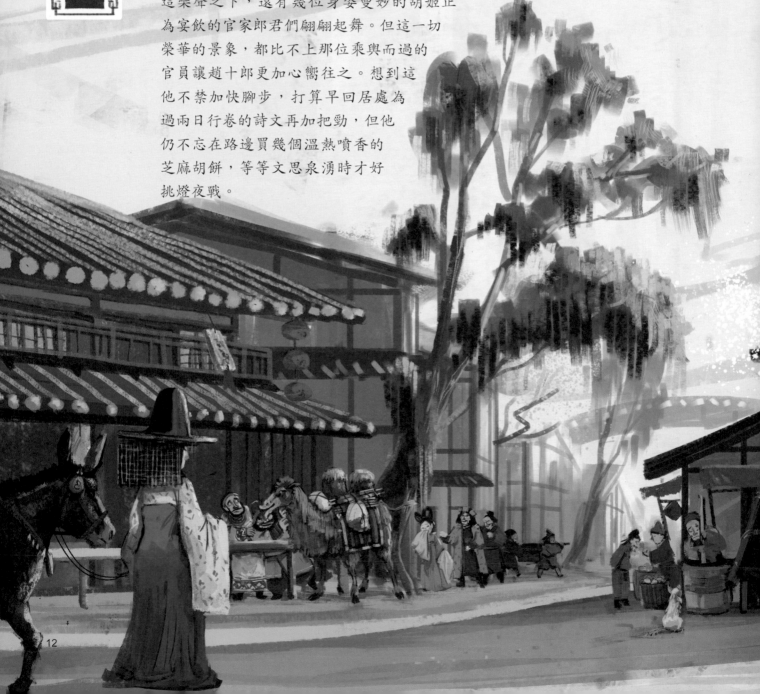

**路樹**

長安的官府城坊對街道樹木的種植與維護都很嚴謹，除了槐樹和榆樹是常見的路樹外，許多街道上也栽有具經濟效益的果樹，有時街道兩側引水的溝渠中還養有蓮花。

大唐在天寶年間的旺盛國力，全都濃縮在東西兩市各約一平方公里的繁榮市面中。東西兩市與一般城坊十字街的配置不同，坊內被東西向兩條，與南北向兩條大街，分隔成工整的井字區域，共開八座坊門，街道兩側還規劃了暗溝通明渠的排水系統。兩市中從大街到巷曲都有店鋪，從米、炭、藥品一類生活基本品、工匠巧手精製的日常器物，到珍稀昂貴的珠寶器物，長安的居民只要囊中有錢，沒什麼不能在東西兩市的井字街上覓得。

由於大唐朝廷基本上仍秉持輕賤商賈的態度，因此和較多官衙王府比鄰的東市，市面遠不如外國商賈群集的西市熱絡，店面的類別與販賣品項也以西市更為豐富，天寶3年，朝廷還開鑿漕渠通過西市以提供水路運輸，讓貨品流通更迅速也更便利，也因此西市被長安人稱為「金市」，凸顯了它國際貿易鼎盛的代表性地位。

### 市署與平準局

東西兩市的主管機關是設在井字街中央的「市署」，署內設有六品以上的市令一人，副手則是八品以上的市丞兩人。他們主要的工作是以官定的秤與斗管理市場交易的公平性，使用私人打造的度量器具是違法的行為。每年農曆8月，長安地區所有市場使用的度量衡器具，必須送到太府寺校正。每十天還需依照市場現況，將各種商品依照品質分出上、中、下三種價格。如果市署的官員因為對某項商品的定價而得到利益，就會被認定犯下盜竊的罪行而受重罰；商人若集體限制某項商品的價格，也會遭到杖責。可見唐代朝廷對於市場管理的嚴謹。

除了市署外，兩市中還分別設有一間稱為「平準局」的官署，使東西市同時扮演平抑物價、穩定金融的角色。當市面上某項商品價格低賤時，平準局便會加價採買，囤入官府設置的「常平倉」；相反的，平準局也在某項商品的價格過高時，賤價釋出常平倉中的存貨，使市價恢復正常。

市署

### 奴僕牲口的交易

西市中的胡奴多寶與新羅婢金兒，屬於社會地位最低下的賤民階級。在大唐依社會階級和職業類別登記的嚴密戶籍制度下，他們的身份只是主人家戶下的一筆財產。除非遇到善心的主人願意將他們放為良民，否則多寶和金兒的法律地位與家中的驢馬無異，不但命運全由主人家掌握，也能被交易轉讓。在東西市的各項商品中，奴婢與牲口的交易，屬於高額交易。買賣一名像他們這樣年輕能幹的奴僕，往往關係到20匹絹帛以上的巨款，對買賣雙方而言都算件大事。

因此，交易完成後，需在三天內通過官方查驗，取得為這類交易所訂立的「市券」。這張官方文件上載明牲口或奴婢的年齡、來歷、買賣雙方和牙人或保人的資料，也寫著交易價格。市券能證明商品的合法性，並確保買賣雙方的權益。在這三天內，如發現奴婢或牲口有任何疾病，買家都能改變心意，但市券核發後，不管是買家無故反悔，還是賣家對商品的來歷或健康狀況有所隱瞞，都會受到鞭笞的責罰。

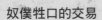

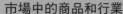

農具和雨衣

銅鏡

銀簪

食店

炭

書卷

牡丹花

餅

水梨

脫空

琵琶

## 市場中的商品和行業

1. **牡丹花**：賞玩牡丹是唐人的流行雅興。牡丹盛開的暮春之際，上街買花的人潮絡繹不絕，市中的花商小心以泥巴和籬笆保護移株的花根，還為含苞的花朵遮上帷幕，只因許多富人願為一株花樹付出數十匹絹帛的天價。城中許多佔地廣闊的寺觀，也為這驚人的利益，開始做起種花、賣花的生意。

2. **水梨**：引渭水入城的長安水源充足，街邊與宅院裡常以果樹綠化環境，城南居民稀少的各坊，有些還有成片的果園，因此，東西兩市的水果種類很多。除了這籃從昌樂坊運來的梨子外，桃子、杏子、葡萄也都能在長安城中自產自銷。

3. **炭**：長安城市面上的木炭，大多在城南的終南山上伐木燒製，再以牛車運入城中販賣。天寶5年漕渠開通後，終南山的木材炭薪也能自水路運入西市了。

4. **餅**：各類餅食是長安人熱愛的街邊美食，種類和口味都很豐富，有麵製的蒸餅，米製的煎餅，也有夾入肉類、香料烤製的胡餅或包入甜鹹餡料的「饆饠」。武則天稱帝時，還曾有官員在上朝途中，因乘馬吃餅形象不雅而仕途受阻。

5. **食店**：人潮蜂集的市集中，自然少不了餐館酒肆。西市的張家樓是著名的食店，東西兩市也有許多餐館能承辦私家宴席，迅速烹製三、五百人的菜餚。

6. **農具和雨衣**：東西兩市的工匠作坊繁多，從燈燭、鍋碗、雨衣等生活用品，到犁、鋤、鐵斧等生產工具一應俱全。

7. **銀簪**：金銀器物本來多由官方作坊打造，但近來百姓大量累積財富，不但出現不少民間的金銀工匠，販賣金銀珠寶的胡商也在東西兩市往來頻繁。

8. **銅鏡**：由於官鑄的貨幣是銅幣，朝廷對銅製品多所限制，只有製作精美的銅鏡是例外，民間銅坊打造的銅鏡依規定需刻上州縣與工匠的姓名，不但是上貢皇室的珍品，也是人們相互餽贈的貴重禮品。

9. **書卷**：東西市中所能購得的書籍、佛經大多是抄寫而成的，從事這項工作的人，被稱為「筆生」。

10. **琵琶**：音樂與舞蹈盛行長安，平康坊與東市中都有販賣或修理樂器的樂工。

11. **脫空**：「凶肆」是長安城中的喪葬業，長安城富裕的生活讓喪禮都充滿奢華的商機。被稱為「脫空」的陪葬俑可能綴上綾羅金銀，在葬禮中演唱輓歌也是能夠成名的行業。

今天是當今皇上李隆基（685-712）萬分開懷的一天，六十一歲的他，把最寵愛的年輕妃子楊玉環封為貴妃。繼位之初，與姑姑太平公主及宗室兄弟間鬥爭角力的日子早已是過往雲煙；經過多年在軍事、選才與經濟上的勵精圖治，大唐帝國已在他的統治下達到空前的高度。眼下乘平的景象，讓他開始全心追求自己長期對於音樂、舞蹈和文學的喜愛，而二十六歲的楊玉環正是他這份熱情的知己。八十多年前落成的大明宮，不只是今天，在往後多年都將迴盪教坊子弟經天子親手調教後的精湛樂聲，並在皇家宴會中與貴妃優美的舞姿相互唱和。

## 宦官

玄宗於開元初年（713-714）於廣州設立「市舶司」，也就是海關，負責檢查胡人們進口的商品。國家會收購一部分商品，剩下的再流通到市面。徵收關稅及收購商品皆能帶來不少利潤，因此管理市舶司的市舶使乃是宦官們熱愛的肥缺，總是爭相出任此職。玄宗時期最有名的宦官為高力士（684-762），他曾協助玄宗平定韋皇后和太平公主之亂，因此深受寵信。他甚至可以先審閱大臣們的奏章，只要將大事呈交玄宗裁決即可，連楊國忠、李林甫等朝臣都要巴結他。

## 六宮女官

唐朝時，後宮仿照朝廷中的六部設立六局，六局首席女官合稱「六尚」，都是正五品的官職，可說是將後宮宮女制度化。六局分為掌理中宮及出納文籍的尚宮局，負責禮儀起居、典籍樂舞的尚儀局，管理祭祀時的禮器、禮服、湯沐、儀衛的尚服局，掌理烹調膳食、酒水、柴火、藥物的尚食局，負責日常用品和燕見、進御之次的尚寢局，以及管理各類紡織品、衣物縫製及飾品製作的尚功局。

## 關隴集團與科舉官僚

自西魏、北周至隋代、唐初，代代出高官的關隴地區世家大族，仍有不少成員藉由恩蔭制度在玄宗朝中任事，例如創造開元之治的名相之一姚崇及力主清查戶口避免逃漏稅的宇文融。另外，因為科舉制度而致仕的新興官僚，包括宋璟、張說、張九齡等名相，也逐漸成為另一股政治勢力。兩個派別的政爭於玄宗朝趨於白熱化，而這之中漸得玄宗信任的就是關隴體系出身的李林甫（683-753）。他為沉溺於與楊貴妃逸樂的玄宗處理大小政務，直至其逝世都獨攬朝中大權。

## 魚符與金吾衛

官員、軍隊或外國使節進出皇宮，皆需在宮門交驗魚符，監門衛勘合無誤後，方能進出。魚符分成雌雄各十二個，上面刻有十二個月份。若是藩屬國所用，還會記有國名，雄符留在長安，雌符交由使者帶回，每次謁見皇帝皆需持雌符勘驗。唐代十六衛中，工作最繁忙的應屬金吾衛，他們負責京城的巡邏和情報搜集，需日夜輪班。長安城外城郭的城門及坊里，也是由他們站崗守衛、啟閉城門及勘驗通行魚符。夜晚會騎馬巡視，若碰上可疑者，就會立即盤查。被盤問者若不回答，金吾衛會先撥動弓弦警告，第二次會向路邊空地射箭示警，最後則可直接將箭射向可疑者逮捕對方。

## 大明宮

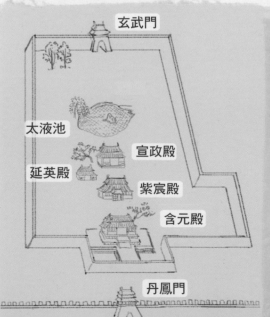

隋代的太極宮建在窪地之中，住來並不舒適。因此唐太宗在太極宮東北起造大明宮。這個完全屬於大唐王朝的新宮闕，興建費時一年多，使用了十五州的稅賦，還為此停發了官員一個月俸祿。與後世的皇城相比，規模宏大的大明宮有三個凡爾賽宮或四個紫禁城的面積。坐落在三層高臺上的含元殿是大明宮的正殿，與宣政殿和紫宸殿在縱軸上合為三大殿。

除大明宮外，玄宗皇帝李隆基登基後，還將他在皇子時代，位在興慶坊的王府改建為興慶宮，他與楊貴妃常住於此，也在這接見臣子，處理政務，因此興慶宮成為實際的政治中心。開元20年（732），玄宗還在長安城的東側，興建了一條皇家專屬的夾城過道連接大明宮與興慶宮，並能直通城南的曲池。將皇帝的生活、工作與休閒空間全都連為一線。

長安朝廷中，出身其他國家卻任有官職的文武官員不在少數，但當今最有權勢的胡人，當屬朝中紅人安祿山。出身幽州軍旅的他，開元末就以機敏的形象自眾多官員中嶄露頭角。除建立軍功外，安祿山在宮廷飲宴時總能自在地說笑、起舞，使他更得皇上與貴妃的歡心，為了表現忠誠，安祿山甚至自稱楊貴妃的義子。天寶以來，安祿山已身兼平盧與范陽兩地的節度使，長安東北邊防的大部份兵權幾乎都握在他的手上。

多年來，長安東北的奚國和契丹，與大唐始終反覆於通婚、歸服與征戰的輪迴中。安祿山為建立軍功，掌握節度使兵權後便多次出兵兩國。天寶四載這年，他再次自請出征契丹與奚國，並在今日凱旋而歸。雖然下嫁契丹和奚國的靜樂公主與宜芳公主，都因此次的交戰而被殺害，可是這樣的缺憾，也阻止不了安祿山以戰功為他已得到的榮寵錦上添花。

### ◀日本遣唐使

延續過往的遣隋使制度,日本自630年起即陸續派遣前往唐朝的使節。遣唐使及同行的留學生、僧侶除了將大唐的政治制度、文化、宗教引入日本外,也藉機蒐集東亞各國的情報。遣唐使出發前,總會先到大坂的住吉大社,祈求住吉大神保佑海上安全。之後自住吉津出發,經過瀨戶內海到達福岡。此時因日本與新羅交惡,所以船隻無法停靠朝鮮半島,只能完全由海路直至大唐。因路程遙遠,航行技術也尚不純熟,所以常發生海難。像於735年歸國的平群廣成,就因為遇到大風浪而漂流至今越南一帶的崑崙國,直到四年後才順利返日,而同行的另一艘船則一直未能順利啟航返日。

### ◀大食使節

唐朝與阿拉伯人建立的大食帝國一直在爭奪西域地區的霸權,此時是倭馬亞王朝統治時期,大規模地向東征服撒馬拉罕、信德等地。往西也攻占了埃及以西的北非地區和西班牙,版圖跨越亞、非、歐三大洲。因為領土的擴大,無論陸路或海路,都充斥著大食商人的足跡。他們與粟特人一樣自陸上絲路引進許多西域的文化、服飾、娛樂及麵食、葡萄酒等,也和波斯商人一樣乘船抵達廣州、揚州、明州、泉州等港口,伊斯蘭教也因而傳入中國。

### ◀拂菻使者

這位禿頂、濃眉深目、高鼻、身著翻領深紫長袍,足穿黑靴的人,是來自東羅馬帝國的使者。東羅馬帝國又被稱為拂菻或大秦。武德年間（618-626）,拂菻曾遣使獻狗,雌雄各一,皆高6寸,長1尺多,性情溫和,還會牽馬銜燭。

### ◀靺鞨使節

於中國東北部、朝鮮半島北部及今俄羅斯濱海地區活躍的靺鞨族,自北方遷至粟末江一帶後,與高句麗的衝突不斷。粟末靺鞨酋長大祚榮逃亡到高句麗以北的牡丹江流域,建立了高麗國（又稱震國）。高麗國奉唐朝為宗主國,並按唐制建立政治、經濟、文化制度,也定期派使節至唐。靺鞨男子多著皮裘,這位使者也不例外,他頭上還戴著翻邊皮帽、腳著皮靴呢。

### ▶新羅使者

朝鮮半島上三國鼎立的高句麗、百濟、新羅的局勢,在唐初即被幾場唐朝與新羅聯軍的戰役打破。百濟先於660年被滅,八年後高句麗也走上覆滅的命運,僅餘新羅留存,之後新羅一直與大唐往來密切。新羅高官的服飾多為白袍、大口褲、黃皮靴,帽子則會有雙羽飾。

2月的長安城春寒料峭，但在慈恩寺的大雁塔下，有一群人卻心懷溫暖而興奮的情緒，他們是今春的新科進士，相約要在今日登雁塔，並推舉一行中最擅書法的成員，為眾人在雁塔之壁上題名留字，彰顯登科的榮耀。這項新科進士登第後的節目，據說是自中宗神龍年間（705-707）開始的。從鄉里間的一介白身搖身成為千中選一的及第進士那刻，多少年的寒窗苦讀與行卷拜謁的費心經營，剎時都成了遙遠的昨日。除了雁塔題名，隨著登第而來的曲江宴、聞喜宴、或是月燈閣的擊鞠球會，都一次次地提醒他們身分地位的改變，就是再如何謙沖自牧的文士，也不免於姓名登上雁塔之時，在心中升起一絲得意之情。

自隋文帝廢止以家世出身任官的「九品官人法」，至唐天寶4年的一百多年間，經過多次制度與科目的演變，科舉雖不是入仕的唯一途徑，也已漸漸成為拔擢人才、造就社會階級流動的主要方式。唐代慣稱科舉考試為「貢舉」，在承平之年，中央朝廷於每年正月舉行「省試」，各地得到資格的舉子們齊聚長安應試。省試有「明經科」與「進士科」兩項選任文官的主流考試，也有「明法」、「明算」、「名書」或「武舉」等專業能力的考科，在開元、天寶年間，以「進士科」最受推崇，若讀書人以進士科登第，幾乎就是得到一張在未來仕途中平步青雲的門票。

▼尚未獲取功名的趙十郎，被人們稱為「白身」。

## 解送

趙十郎想到長安赴省試有兩種管道，一種是受中央官學國子監或州縣、寺院的私學推舉為「生徒」。另一種是報考州縣鄉試及格，成為地方解送的「鄉貢」。由於長安與鄰近州縣可解送的員額多，省試及第的機率也高，因此趙十郎也可能選擇離家到機會好的地區「寄籍」報考。

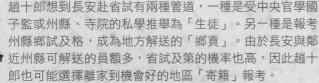

## 制舉

除了每年舉行的常科，天子臨時下詔舉辦的制舉，也是趙十郎的機會，開元年間，玄宗皇帝曾舉行十三次制舉並親自監試。參與制舉本來只有受其它官員「薦舉」一途，到了開元年間，因玄宗下詔鼓勵人才自薦，又多了「自舉」這種管道。

## 解狀

得到解送的趙十郎，將由地方政府發給他寫明身家背景的「解狀」，證明他進京赴試與未來任官的資格；但若家族被認定有商人或罪人背景，他就不能參與省試了。

## 省試

省試由尚書省主辦，是選拔未來官員的中央考試。趙十郎可熟讀《五經》、《周禮》等經典參加「明經科」，雖然登第後也能任官，但自開元以來聲名已遠不如進士科登第者響亮。所以，趙十郎選擇參加競爭激烈的進士科考，在天寶年間這時，能寫治國策論的文章在進士科中已沒過去那麼重要了，他的文采與詩賦才華反而成為高中與否的關鍵。

## 行卷

省試的試卷並非匿名，因此趙十郎與許多考生一樣，在應試前先將個人作品送予考官或朝廷要人鑑賞，這稱為「行卷」。天寶初年，主持省試的主司韋陟，要求舉子在應試前將舊日作品上繳考核，可說是將「行卷」制度化的現象。

開考！

## 榜帖

若省試登第，趙十郎的名字將被寫在華麗的泥金花箋上，送達家門報喜。收到「金花帖子」不僅光耀門第，更是任官的資格證明。

## 選試

成為進士的趙十郎，還需通過吏部選官考試才能正式分發，考試分為觀察外貌、德行以及考核書法、文章的「身、言、書、判」四項。

## 官階

科舉入仕的官職，大多從八品、九品起任，並不太高。

距離皇城不遠的宣陽坊，是許多皇親國戚聚居的里坊，而在開元年間轟動長安的鬥雞神童，如今業已年過三十的賈昌，也與妻小住在此處。雖然天寶以降，許多王府權貴，悄悄打破唐初《營繕令》的儀制，興建浮誇豪奢的宅第，甚至還曾有當今權貴之家，脅迫他人售賣宅邸的惡行。就連開國元勳衛國公李靖在坊中的家廟，近年都已淪為今上寵臣楊國忠家的馬廄。雖然賈昌至今仍是深受皇上信任的紅人，他的妻子，也因善舞而頗得楊貴妃喜愛，但官秩不高的賈昌，仍遵循開元25年（739）的敕令。他的宅院，不但堂屋廂房仍遵守六品以下及庶人不得超過三間五架（面寬約10公尺，縱深3-3.5公尺）的限制，也謹守庶民與一般官員，宅院不向坊外街道開門的規矩。每天早晨街鼓響起後，賈昌都會與往常一樣早早起身，前往皇城內的雞坊工作，一隻隻地探望照料這些帶給他榮華富貴的雄雞。

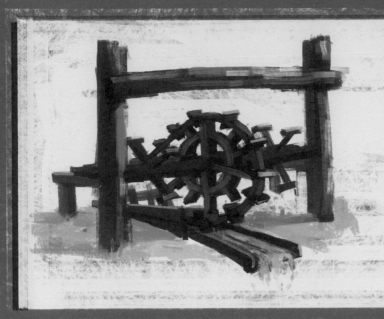

## 水力碾磑

碾磑是長安重要的糧食加工業，一般民家將米麥碾成粉末多借助牛、馬、驢等牲口拉磨，但城坊內的官家、富商，或得到政府許可的寺院，則有財力建造水力驅動的碾磑。這樣的加工方式比利用牲口的效率高上許多，獲取的利益也十分可觀，於是水力碾磑一度遍布長安四周的河渠。但是，利用水力的碾磑常會阻礙灌溉用水的供應，高宗曾因而下令限制，但有權勢的寺觀與貴族們，仍為這門暴利般的生意趨之若鶩。

## 街鼓與坊牆

街鼓與坊牆是成就長安城坊制度的兩大功臣。太宗貞觀10年（636）建立街鼓制度後，五更三籌的破曉時分，長安外郭六條主街的街鼓都會同時響起，四百槌後，長安的所有城門、坊門、市門便同時開啟，居民這時才能離開由坊牆圍起的坊內。而傍晚暮鼓響罷的夜禁期間，雖然並未限制人們在坊內通宵達旦地聚會，但絕不能離開坊門。這時除有婚嫁、奔喪或急症等特殊狀況的居民外，犯夜走出坊外街道的人，都會被巡夜的軍士綁起鞭笞。然而，長安城內這一堵堵高度及肩的坊牆，都是由夯土築成的，連日大雨後，非但泥濘難行的黃土街道，常讓朝廷下令罷朝數日，各坊的土牆也常隨之頹圮。這時，官府便會責令該坊的居民，將居住區域內的坊牆重新築實。

宣陽坊內坐落著數位當朝皇親國戚的豪華宅邸和著名的寺院，也是長安城萬年縣廨的所在地。

❶ 國子祭酒韋叔夏宅
❷ 光祿卿單思遠宅
❸ 淨域寺
❹ 右羽林軍大將軍高仙芝宅
❺ 虢國夫人宅
❻ 杞國公竇毅宅
❼ 楊國忠宅
❽ 京兆尹李齊物宅
❾ 萬年縣廨

宣陽坊

興化坊中的邠王府，是長安城中的眾多王府之一，它的舊主李守禮（672-741）雖算得上是嫡系的李氏宗族，卻在他祖母武則天掌權的時期，遭遇了父親章懷太子李賢（654-684）被貶、親兄弟橫死的慘劇，甚至長期生活在充滿疑懼的流放與軟禁中。直到武則天年老離世，叔父睿宗李旦與堂弟李隆基相繼登上帝位後，李守禮一家才又重拾宗室親王的尊嚴。身為皇室成員，邠王經常得到帝王的賞賜，和過往不幸的經歷相比，王府中的生活顯得格外愜意。可能為了彌補年少時受到的錯待，邠王重視享樂勝於一切。不但妻妾如雲，花錢如流水，也不在乎自己的揮霍且散漫的形象成為朝中議論的笑柄。李守禮安享晚年後，在四年前以七十歲的高齡過世。雖然嗣位邠王的次子李承寧既無實才，也不曾在朝廷擔任什麼重要職務，但身為宗族內繼承王位的貴族，成為王府新主人的他，舒適的生活並未因父親離世而有什麼太大的改變。

## 鸚鵡

大唐的貴族喜愛飼養寵物，鸚鵡正是其中最流行的一種。當朝玄宗皇帝與楊貴妃寵愛的白鸚鵡名叫「雪衣娘」，牠據說總在皇上與臣子的棋局佔下風時，飛在棋盤上一陣亂搗，挽救皇上的面子。鸚鵡也被視為國與國間和平交流的象徵，大唐與他國使節往來時，就時常互贈鸚鵡以示友好。正因為是這麼受歡迎的動物，鸚鵡也常成為名貴器物上的花紋，銅鏡、銀罐或是精緻的漆器上都能看到牠的身影。

## 飲茶

唐代飲茶是以煮茶法為主。根據陸羽（733-804）的《茶經》所述，當時是蒸過茶葉後搗碎，壓成餅狀並烤乾保存，稱為「餅茶」。喝茶時，先將水煮沸三次，第一次要煮至水產生魚目般的小泡泡，加入些許鹽再煮沸至有許多小水泡附著於水釜內壁。這時再將碾碎的茶餅投入水中心煮至沸騰，即可舀入茶碗中飲用。當時的名茶包括產於四川劍南雅州的蒙頂石花及湖南的渠江薄片。

## 圍棋

因唐高祖、太宗、玄宗等皇帝皆喜下圍棋，玄宗甚至設立官階九品的圍棋待詔，全國上下圍棋之風大盛。開元年間還有如王積薪這樣的圍棋國手，他所創的「圍棋十訣」至今仍被奉為經典。日本留學生如吉備真備及阿倍仲麻呂等，將圍棋由唐朝帶回日本傳播，從此成為日本國技。而早已習得圍棋的新羅，還於738年派多名棋手與國手楊季鷹對奕。楊季鷹大獲全勝，也可看出當時唐人精湛的圍棋技巧。

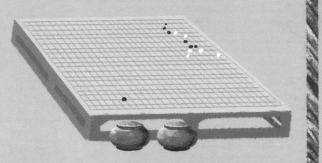

## 中原與西域的名貴器物

雖然依照大唐的律例，純金純銀等貴金屬器皿應為皇家專屬，但在皇宮所在的長安城中，處處都是貴族與高官的居所。皇上興之所至時賞賜功臣近侍的名貴器物，往往就這麼隨著新主人流入市井之間。此外，許多來自西域的商人，深知長安人的消費能力無與倫比，自然也為長安帶進一些深具異國色彩的金銀器物。其實，這時很多人都相信以閃耀的金銀器作成食器用餐可以延年益壽，也因此有些人進一步用金、銀的器具配合稀有藥材與丹砂煉丹，期盼金器與銀器的力量，能使他們達到長生不老的境界。

事實上，城中那些數代興旺的世家宅邸中，累積收藏的豐富程度，甚至連皇宮都比不上。數以萬計的名畫、古書、各國貨幣，甚至是材質特殊的外國器物，像是瑪瑙精雕的獸首酒杯，名家繪製的雅致屏風，或是精工細鑄的鸚鵡紋銀藥罐，都在他們的藏品之列。雖然有些缺乏鑑賞眼光的人家，會以高價買到那些本地工匠仿製薩珊、粟特風格的假外國貨，但這一點也不影響他們附庸風雅的生活情趣，不過是肥了一些商人的錢囊而已。只要有機會到官宦人家做客一趟，就能發現宅邸裡處處都是長安城物質生活富裕的證明。

## 圓椅

唐人平時大多還是就著几案席地而坐，或坐在矮而寬且能同時置物坐人的床榻上。就算有些人家已出現一些異國傳入的椅子，也大多是這種椅腳低矮的圓椅，幾乎只是為了在席地而坐時供人稍稍倚靠。

◀ 唐代的蹴鞠

蹴鞠是種從西漢開始就風行的運動，最早是訓練步兵迅捷反應的操練方式。到了唐代，蹴鞠已經成為貴族百姓一致風靡的全民娛樂，尤其是每年春季的寒食節這天，此時已約定俗成地成了人們相約蹴鞠的日子。為了玩得更為盡興，唐代在器具與遊戲規則上也出現不少新創意。在唐代前的蹴鞠玩家們，踢的只是一塊皮革裏著獸毛的實心球，而唐代的愛好者製作出了結構空前的新球，他們以八片皮革縫成球皮，再填進吹飽氣的動物膀胱，這種規格的球不但更圓，也有了彈性，自此可玩的花樣就更多了。

居民不多的安善坊，大部份土地都是威遠軍軍士們操練射技的教弩場。寒食節這天，長安城從宮中到街道，處處都是蹴鞠的賽事，場地寬闊的安善坊自然也不例外。雖然平時拉弓操練時，就常有四下的庶民與小娘子前來觀看，但今天威遠軍中的蹴鞠之戲，引來圍觀的人群可就不只三三兩兩了。軍士們在人們的呼喝聲中，時而飛奔迎球，時而巧妙地使球彈跳在胸、足之間，再將球踢得高飛，站在球門兩邊的隊伍，目標都是同一個高懸在兩竿之間的網洞，兩隊以能將球踢過網洞最多者為勝。這時，幾個酣戰中的軍士把球踢出了場地，一位場邊的年輕娘子也毫不扭捏地耍上幾個花式，豪邁地凌空踢還，惹得眾人大聲叫好，鼓譟著要她也下場與軍士們一較高下。看來在寒食節的眾多活動中，許多女性絕對熱衷於豪邁的蹴鞠之戲更勝過隨著樹下的鞦韆座迎風晃蕩。

## 白打

蹴鞠的遊戲少至二、三人，多至數十人，都有不同的玩法可以配合，最常見的比賽方式稱為「白打」，就是幾個人輪流踢球，誰讓球落地就輸了；玄宗皇帝和楊貴妃就常在宮中觀賞宮女們的白打競賽。宮廷中規模較大的比賽，也有兩隊向同個球門射球，競爭進球數的玩法，有時，觀賽的人們也會為勝負下注博弈。

　　幾個身著華服的青年人乘大馬，手中挾著球杖在朱雀大街上奔馳而過，想來是趕著參加皇城中的擊鞠比賽。「擊鞠」是從波斯一帶傳入中原的馬球運動，本是結合馬術和練兵目的的競技。擊鞠使用的球杖和球都是木製的，球杖約有數尺長，有月牙型的杖頭，球則有拳頭大小，木質堅硬光滑，塗成朱紅色。有些比賽設雙球門，有些則只有一個球門。這項運動因深受貴族子弟喜愛而漸漸普及至民間，不但是當時最刺激的娛樂，也是官員士子間的社交活動。長安城中每年試場得意的新科進士們都會相約在城南的月燈閣打球，每每引來無數群眾圍觀。其實，連皇帝也無法拒絕擊鞠的刺激，據說玄宗皇帝就是擊鞠的頭號愛好者，尚未登基前，曾在與吐蕃的馬球比賽中展示高超的球技。

### ▼猞猁

耳尖生有一叢簇毛的猞猁，是種體型大於家貓的中型貓科動物，因為牠的動作較獵犬更加迅捷，常見大唐的貴族們在馬上載著馴熟的猞猁一塊出獵。

### 打獵

街上呼嘯而過的這個隊伍，是準備出城圍獵的貴族們，這個隊伍中不管男女都身穿窄袖口、尖頭靴的裝束，這本是胡服的樣式，現在已普遍流行於長安城中。郊外圍獵的時刻也是大家炫耀自家馴養動物的好時機，除了胯下的駿馬外，目光凌厲的猞猁蹲伏在馬後的圓氈上伺機而動，架在手上的鶻鷹躍躍欲試，纖瘦精實的波斯獵犬也在隊伍間迫不急待地亂竄。皇家狩獵在歷代都有整軍練兵的意義，但在當今這個尚武的時代，凡是有能力的官家富人，無不喜愛在閒暇時出城狩獵，除了感受掠取戰利品的快感外，也是友人間相互展現射藝的時機。

### 鬥雞

在市井間本就十分流行的鬥雞之戲，自開元年間鬥雞神童賈昌得到皇帝榮寵後，蔚為長安城中的風潮。無論是鬥雞的飼養之法，還是對戰時的門道都在這陣風潮中多了不少講究。為善鬥的名門鬥雞一擲千金自是不在話下，輸贏甚鉅的賭局中，人們無不挖空心思替鬥雞配鎧甲、裝金屬爪刺、甚至為了恫嚇對手，將雞塗上貍油，模仿天敵的氣味。不過，不管一場賭賽能贏得的彩金有多高，都比不上進宮供職的誘惑，如鬥雞手能被選入皇帝專門設立的鬥雞場，說不準就能成為下一個因鬥雞而富貴榮華的賈昌。

### 胡騰、胡旋舞

自從西域石國的舞者把胡騰舞帶進了長安，唐人就有了相互邀舞的社交習慣。每場宴會酒酣耳熱後，賓主分別上場一展舞姿的畫面，成了常見的節目。胡騰舞是種男性獨舞，舞者時而以靴尖踢踏地毯，反覆騰跳躍起，時而雙手反背，以蹲姿彈跳，表現舞者的力度與敏捷。舞者趁著酒意跳到盡興時，腰尖所繫的長帶隨之飛揚，在眾人的喝采中，連頭上的尖帽歪斜都顧不上了。與胡騰舞同樣流行的，還有自康居國傳入的胡旋舞，以迅捷的旋轉動作為特色，胡旋舞很快地自民間紅入宮廷，當今皇帝的寵臣安祿山與貴妃楊玉環都是胡旋舞的好手，尤其是安祿山，體格肥胖卻能旋轉疾舞，在宴會中大受帝王與后妃的青睞。

### 柘枝舞

從宮中教坊、民家的宴會、城中駐軍到平康坊的店家，長安各處，只要有歌舞之處，柘枝舞都是極受歡迎的舞蹈形式。柘枝舞初從石國來到中原時，多以獨舞的方式表演，舞伎們身穿五彩寬袍、戴著綴上鈴鐺的胡帽，隨著明快的鼓聲，迅捷地踩踏旋轉，還不時以柔軟的身段擺動回眸，雖是女性為主的舞蹈，但並不陰柔，仍以剛勁健美的動作吸引賓客的目光。隨著柘枝舞流行越廣，雙人舞的表演也問世了，《雙柘枝舞》模仿佛教壁畫的畫面，讓一對舞伎腳踩蓮花圖案，翩然起舞。有些較華麗的演出，還會在舞蹈開始前，將舞者雙雙藏在碩大的蓮花道具中，再隨著舞步的舒展如同自含苞的花朵中綻放而出。

### 舞劍

開元3年（715），還是個幼兒的詩人杜甫，曾在鄆城的廣場上見到一位人稱公孫大娘的梨園名伶舞劍，她的舞姿雄渾奔放、英姿爽颯，讓杜甫在往後多年，腦海中始終牢記這位技藝超群的女性。開元至天寶年間，從宮廷至民間，劍器之舞不但是種舞蹈表演，更被提高至藝術的高度。開元年間的名將裴旻，以劍舞的技藝高妙聞名，據說名畫家吳道子就曾從其劍舞中，體會到繪畫的意境，而公孫大娘行雲流水的劍舞之勢，也曾為草聖張旭帶來書法的靈感。

### 面具舞

北齊蘭陵王為了威懾敵軍，在對敵時以駭人的假面遮蓋秀美的面容，蘭陵王連戰皆捷，將士們也因此戴起面具，編成《蘭陵王入陣曲》的歌舞，傳誦他的事蹟。這段樂舞流傳至唐代仍深受歡迎，成了名為《代面》的宮廷樂舞，獨舞的舞者戴上猙獰的面具、手持金鞭，穿著華麗的紫袍與金腰帶，隨著樂音起舞。雖然玄宗時，因為《代面》逐漸趨向軟舞，失去戰鬥歌舞的特質，而被官方以「非正聲」為由禁演，但這項特殊的舞蹈轉換形式繼續流傳，甚至被當時來到長安的日本使臣帶回奈良王朝，並因為貴族的喜愛，而成為當地宮廷雅樂的一部份。

為務本坊中某家柴行商工作的崔阿門是個與皇城比鄰而居的市井小民，開元以來承平富庶的社會氣氛，讓辛勤工作的他雖然享受不起貴族富商們奢華的玩樂，也不乏多彩多姿的休閒生活。當今皇上熱衷於梨園教坊，任何宮中流行的表演，不多時也會成為長安街頭的熱門遊藝，來自四方的胡人、客商也將各國流行的百戲花樣帶進長安。當今皇上也是百戲的愛好者，每年千秋節壽宴，都在興慶宮中觀賞百戲，內容五花八門，馴服動物的表演中，不但使馬匹、猴子隨音樂起舞，也讓西域進貢的大象依令動作，有做扛石、扛鼎等力技表演的藝人，更多是擅長飛劍弄丸、高空走繩或頂竿爬竿這類驚險巧技的男女藝人。工作休息的日子崔阿門也會特地走點遠路，到新昌坊的青龍寺看戲，一場一場的戲棚看過來，熱熱鬧鬧地打發一天。但崔阿門對百戲情有獨鍾，當王府官家出行時，崔阿門總是擠在街邊看領頭耍幡旗和頂竿的開道表演，但他還是希望有天能親眼見到人們口中的幽州女伶石火胡與她神乎其技的疊置與載竿之術。

▼▶額上頂竿或肚上頂竿向來是老少咸宜的演出，若在竿上再加旋轉的碗碟，或有小兒在竿頂攀爬，那就更是技高一籌了。據說幽州出身的石火胡，能配合歌舞頭頂長竿，竿上張起五根弓弦，弓弦上還有五個女童矯捷地舞動，這個融合走繩、載竿與歌舞的奇技名聞長安，人人都盼望能一睹為快！

▼飛劍弄丸的藝人，能手腳並用地拋接數把短劍與數顆鐵丸，若技高如這位藝人，就是同時手拋四劍，腳弄五丸也還游刃有餘。

▶疊置伎可說是力技與巧技的結合，當基底的團員紮穩馬步，肩上可往上疊人五層，最頂兩層的小童張開雙手，像座寶塔般得到滿堂喝采。

## 參軍戲

在寺院的戲場中，崔阿門最愛看參軍戲，這種專為觀眾製造笑料的戲劇一般有兩個演員上場，一個假扮官員的「參軍」和一個穿著襤褸衣衫扮童子的「蒼鶻」，他們在台上打鬧，一問一答以言語相互戲弄，逗得圍觀的眾人捧腹大笑。這種最早因皇帝嘲弄貪污犯官而得名的戲劇，到了開元年間已發展成娛樂活動，本來受夥伴戲謔的參軍一角，也逐漸轉變為嘲弄蒼鶻的角色。宮廷中的貴族愛看參軍戲，開元年間擅演參軍戲的名優李仙鶴還因此得官職，拿到真正的參軍俸祿。長安的庶民也愛看參軍戲，每有演出，密密圍滿觀眾的台前笑聲不斷，坊里之中，不時也能看見小孩模仿前日台上蒼鶻誇張的動作。

## 踏謠娘

愛看喜劇的崔阿門，有時也在踏謠娘的戲場下停留，看男扮女裝的苦情婦人，踏著搖擺的步子，哀怨地唱起丈夫的不是。其實，阿門和許多觀眾一樣，都在等著扮丈夫的演員出場，當他以無賴醉漢的姿態上場後，方才如泣如訴的氣氛頓時轉為滑稽的追打，一旁的觀眾，也忍不住鼓譟應和起來。這種表演據說出自北齊時一個貌美的婦人，她醜陋且嗜酒的丈夫沒有官職，卻愛自稱郎中，每次酒醉便追打妻子。受盡委屈的婦人，便將自己的遭遇編成歌舞，向四鄰泣訴。到了天寶年間，這樣的表演又被稱為「談容娘」，在民間與宮廷都十分風行，詩人常非月還曾寫過一首《詠談容娘》詩，描繪演員的情態與開演時的盛況。

## 文化藝術的黃金年華：漫卷詩書喜欲狂

### 浪漫詩仙李白

被同代詩人賀知章喻為「天上謫仙人」的詩人李白（701-762），是中國文學史上將浪漫詩推至頂峰的名家。一生有九百多首詩作傳世的他，詩歌主題廣闊，能詠歎山水邊塞、也能細膩描繪對市井人物的理解與關懷。李白雖使用詩歌體裁，熱愛以古體詩、五言、七言歌行與樂府詩的形式創作，卻能不受形式與對仗的侷限，作品充滿大膽且新穎的意象，以游俠般的情懷將自身豪邁的想像與抱負表現於詩歌之中。李白據信出生於安西都護府所轄的碎葉城（今吉爾吉斯境內之托克馬克市），是商人家庭的子弟，幼年隨經商的父親居住於蜀地。年輕時曾在大唐國境四方遊歷，不但文學造詣深厚，對劍術、道家之術與經世之道也涉獵甚廣。天寶元年（742），壯年的李白來到長安希望一展報國之志。玄宗皇帝對沒有功名的李白禮遇有加，安排他在文學人才群集的翰林院供職，並多次成為皇家宴席的座上佳賓。但無法有實質作為的翰林院學士一職，與李白以實學致仕的期盼出入太大，於是他又在三年後離開京城，繼續四方壯遊的生涯。直至六十一歲辭世前，李白都以傲岸狂放的襟懷面對世局，卻始終不忘心中經世濟民的理想。他一生的成就與矛盾可說表現出盛唐社會氣氛中許多特別的面向。

### 寫實詩人杜甫

被後世尊稱為「詩聖」的杜甫（712-770），曾在天寶3年（744）在東都洛陽與李白相遇並結為莫逆之交。但與李白不同，杜甫生前的聲名並不顯赫，生活十分坎坷。杜甫的父親曾為縣令，生在小官之家的他雖然早慧有文才，卻飽受科舉不第、宦海浮沈之苦，終其一生都掙扎於貧困失意的生活現實中，甚至還曾經歷稚子餓死的悲劇。杜甫被認為是唐代社會派詩人的濫觴，作品大多採用寫實手法，表現他對天寶年間長安貧富懸殊的社會關懷、以及他對政治上奸佞當道的憂心之情，充分描寫了唐代由盛轉衰的種種時代氣氛。杜甫為後世留下了一千五百餘首作品，主題豐富，宛如一幅幅時代的寫實畫，因此又被稱為「詩史」，也深深影響中唐以後，由浪漫轉向寫實的新樂府運動。除此之外，杜甫傳世的詩作也在接下來數百年間流傳海外，受到韓國與日本各國的推崇，成為最具代表性的中國文學家之一。

### 詩畫合一的王維

王維（701-761），字摩詰，正如他取自佛教經典《維摩詰經》的名與字，王維精通佛典，是位作品中充滿禪意的田園山水派詩人。王維二十一歲便進士及第，是位才情洋溢的文人，不但年少時即以詩作名聞長安，音律、書法、繪畫也無不精通。被後世喻為「詩佛」的王維，崇尚禪宗思想，在詩作中經常描寫田園山水的景物，推崇隱士無為閒適的生活，詩風寧靜高遠；而同樣擅長水墨畫的他，畫作主題包括植物、人物與山水，其中又以意於塵外的山水畫最負盛名，被認為與詩作呈現同等高妙的精神境界，也是中國「水墨山水畫派」的始祖。宋代文學名家蘇東坡曾以「詩中有畫，畫中有詩」的名句盛讚王維詩畫合一的藝術高度。

▶輞川圖是王維「詩畫合一」的傳世傑作

▼刻於天寶年間的《多寶塔感應碑》是顏真卿早期成名的書法作品。

▼《古詩四帖》是張旭傳世的狂草名作之一，與《肚痛帖》齊名。

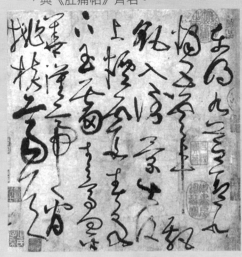

## 剛正雄渾的顏體

顏真卿（709-784）是五代《顏氏家訓》作者顏之推的第五代孫。出身於學問世家的顏真卿雖然幼時喪父家貧，卻仍勤學不輟，縱使紙筆不足，仍沾水在黃土牆上習書，後在開元22年（734）中舉入仕，是盛唐時的楷書名家。顏真卿在盛唐轉衰後參與剿平多次內亂，他不但是擁兵力抗安史之亂的名將，晚年也在抵抗叛將李希烈的戰事中為國犧牲。他剛正不阿的人格特質完全地展現在書法創作中，他的楷書筆力剛勁，寬厚雄渾，呈現他作為一代忠臣名將的氣度品格。後世將他的書法稱為「顏體」，與稍晚的書家柳公權並有「顏筋柳骨」的美稱，是中國書法史上楷書的重要典範。

## 張旭的狂草

張旭（生卒年不詳）是唐代以草書聞名的書法大家，他的草書與李白的詩歌、裴旻的舞劍並稱為「大唐三絕」，可說是體現盛唐狂放豪邁精神的代表人物之一。雖然他的書法作品中也有承襲二王一派的嚴謹楷書，但他最為人稱道的是他打破一切書法成規的狂草。張旭好酒，常在醉後呼喊奔走，並能落筆成書，此時寫出的作品變幻莫測、一氣呵成，是純粹藝術精神的展現。由於他為人瀟灑不羈，民間也流傳不少他的逸聞，據說他在常熟做官時，曾有民眾刻意來回興訟，張旭初時不解其故，詢問後才得知，人們是為了得到他撰寫的判決書以作為珍貴的墨寶，而不惜告官興訟。

## 行草名家李邕

開元年間擔任北海太守的李邕（678-747），是唐玄宗時以行草聞名的書法家。李邕的書法早期師法王羲之與王獻之父子的行書，不但習得王行書的精髓，也創造出自身的風格，將楷書、行書與草書的筆法巧妙地融合為新穎而雄渾的筆意。李邕一生勤於創作，且擅長撰寫碑文。當時，無論是寺廟道觀或是朝中臣子都願以重金託他撰書，據說在他七十歲過世前，撰寫的碑文已多達八百餘則。李邕是唐代唯一以行書作為主要書體而留名於世的書法家，被唐代稍晚的書法名家李陽冰喻為「書中仙手」。左圖為李邕在開元8年（720），時年四十六歲時所完成的《李思訓碑》。被後世認為是他正式脫離對二王臨摹，走向新境界的代表之作。

## 帝王藝術家李隆基

盛唐各項藝術的首席愛好者，當屬玄宗皇帝李隆基（685-762）。作為當時所有藝術活動的推手，玄宗皇帝本身的藝術造詣也很高，是中國歷史上著名的帝王藝術家之一。除精通音律舞蹈外，他在書法上以草書著名，也擅長二分隸字、八分篆體的「八分書」字體。玄宗皇帝少時於殘酷的宗室鬥爭中登位，稱帝後宣布以孝治國，天寶4年（745），玄宗皇帝為《孝經》作序，並親自以篆書抄寫，刻成《石台孝經》碑文頒布天下，此碑也成了玄宗皇帝傳於後世的書法傑作。

被後世尊為「畫聖」的吳道子（683-759），是中國繪畫史上的傳奇人物，他不是以畫自娛的文士，也沒有顯赫的師承，而是一個在寺廟中觀摩畫師製作壁畫，便能無師自通的天才藝術家。據說以繪製鍾馗像獲得玄宗青睞的吳道子，受召成為內廷供奉，身分也由民間畫工轉為宮廷畫師，繪製皇家詔令指派的作品，其中許多是寺廟、道觀中的宗教壁畫。他的筆意生動，繪製的人物、禽鳥、神佛、乃至於

鬼怪無不栩栩如生，彷彿隨時能走出壁畫。他在長安景雲寺繪製《地獄變相》，能讓觀者對陰森駭人的地獄身歷其境，據說當時許多屠夫在看過這幅壁畫後都因恐懼果報而紛紛改行。此外，吳道子也是將佛教人物中國化的重要藝術家，他以中國帝后與傳統神獸如龍和鳳的形象詮釋天竺傳入的佛教人物，使佛教藝術有了屬於中國的新生命，也成為後世畫家臨摹的典範。可惜的是，吳道子雖在生涯中留下大量的壁畫作品，但他的真跡大多在稍晚的滅佛運動與連年的兵災中隨頹圮的寺觀消失，如今留下的大多是後人的仿作。但無論摹本或真跡，人們還是能從這幅據信是吳道子作品的《八十七神仙圖》中，體會吳道子為佛道人物所賦予的生動形象與高妙意境。

梁令瓚是畫家，也擅於製造天文儀器、熟知天象。開元13年（725），他還曾與熟知天竺數學及天文知識的一行禪師製作渾天儀。他的存世作品僅餘《五星二十八宿神形圖》的上卷。畫中以篆書逐段題寫各星宿的名稱及形象，並以游絲描劃，設色古雅。左邊是第三、四幅的鎮星（土星）及太白星（金星）。鎮星神尚黑，器物也為鐵製，故被畫成黑膚赤身，騎在黑牛上的神。太白星神則被描繪為一位女神，頭戴鳥形冠，座騎為鳳凰。

韓幹（約708-783）是玄宗時期的畫馬名家，他這幅《照夜白》，畫的就是玄宗皇帝喜愛的御馬。天寶3年時，玄宗下令改大宛為寧遠，並將義和公主和親寧遠國王，因此對方獻上兩匹汗血馬，玄宗親自命名為「照夜白」及「玉花驄」。圖中的照夜白雖被繫在木椿上，但仍昂首嘶鳴、四蹄騰躍，展現桀驁不馴的姿態。韓幹常被批評將馬畫得太肥，但細看這匹馬驃悍健壯的身形，其實更能展現盛唐雄厚大器的國威。

李昭道（675-758）與其父李思訓（651-716）可說是唐代青綠山水畫的代表人物，他晚期的《明皇幸蜀圖》及《春山行旅圖》更是此中傑作。這幅《龍舟競渡圖》也傳為他的作品，畫面雖小巧，但仍清晰地看見宮中端午龍舟競賽的場景，連華麗的樓閣及人物都細膩地呈現。遠方青綠的山巒是他擅用的石青、石綠顏料為主色，並以細密的勾勒筆法繪出細節。有些青綠山水畫還會勾以金粉，這樣能令畫面產生金碧輝煌的效果，更顯華麗壯觀。

李昭道龍舟競渡

開元天寶年間，曾在集賢院中擔任繪師一職的張萱（生卒年不詳），是唐代著名的人物畫畫家。雖然他個人的生平並未流傳，真跡也已散佚，但他由後人臨摹留下的人物仕女畫卻為唐代的宮廷與貴族生活，保存了最具臨場感的畫面。他的名作《搗練圖》和《虢國夫人遊春圖》為後世留下唐人服飾、體態、器物與日常活動的珍貴資料。以《搗練圖》來說，張萱描繪一群婦女分工製作衣物的場景，畫中的每位女性的衣飾、妝容和神態各有不同，或揮杵搗衣、或展絹熨燙，矮凳上的婦女專注地拿針縫補，煽火的少女扭頭避開煙氣，俏皮的小女孩則蹲過展開的絹帛，生動的景象令觀者彷彿能跨越千年時空，聽見搗衣的聲響與婦女間的談笑，張萱作為中國風俗人物畫開創者的功力在此畫中展露無疑。

唐代另一位在人物肖像畫上與張萱齊名的畫家是周昉（生卒年不詳），他的背景與張萱類似，也是供職於朝廷的皇家畫師。出身於官宦之家的周昉最擅長捕捉唐代仕女悠閒生活中的吉光片羽，他所繪的人物，被晚唐畫評譽為「神品」。無論是貴族女性豐腴健美的體態、開放且多變的衣飾妝容，還是她們共同生活的寵物犬馬，全都自然而優雅地凝結在周昉的畫作中。雖然他目前流傳於世的《簪花仕女圖》據信是宋人的仿作，但周昉擅畫衣物質地與女性神韻的特長仍能在其中窺得一二。畫中描繪春夏之交幾位貴族婦女賞花遊園的情景，右邊這位髻插芍藥花、身披淺紫紗衫的女子，右手舉著剛捉到的蝴蝶，呈現阿娜嫵媚之姿。

唐代瓷器以「南青北白」的單色釉彩為主，並以浙江越窯的青瓷和河北刑窯的白瓷最具代表性。刑窯白瓷有「天下無貴賤而通之」的美譽，製作的多為碗、盤、缽、托子、杯、硯、盒、瓶、壺、罐等日常用品，鮮有紋飾，風格樸素典雅。陸羽在《茶經》中讚美刑窯的瓷器「類銀」、「類雪」，可見其釉面光滑、色澤細潔純白。唐代曾有刑窯勝於越窯的說法，有些文人雅士品茶只用白瓷茶具。但也有如陸羽一般，認為越窯青瓷釉色如玉如冰，勝過刑窯的似銀似雪，也認為品茶時青瓷中的翠綠茶色遠較白瓷中的丹紅茶色來得吸引人。這雖然是陸羽的個人觀點，但也可看出釉色明徹如冰、晶瑩溫潤如玉，又被稱為「祕色瓷」的越窯青瓷已漸漸成為文士的珍愛。

相對於瓷器樸素的單色釉，唐代陶器色彩卻十分富麗。一件彩陶上往往會有黃、綠、紫、褐、藍或黑色等三種以上的色彩，因此被稱為「三彩」。唐代的三彩多以白、黃、綠或黃、綠、藍、赭等色釉在陶器上交錯使用，呈現斑駁淋漓、自由瀟灑的風貌，因此相當受歡迎。唐三彩的題材從文武將官、男女侍從、胡人胡姬、樂舞表演，到十二生肖、牛羊馬等動物，包羅萬象。另外，唐三彩的技術也傳入新羅及日本，分別被稱為「新羅三彩」與「奈良三彩」。

平康坊：妙語如花的南曲娘子
與華麗濃艷的青蛾紅妝

3月初春的陽光和煦，對於今科進士們來說，這更是個春色旖旎的季節，默默無聞的日子在登第那刻結束，他們受邀參加官家私宴，在連日宴飲中成為城東平康坊的常客。位在皇城正南第一排的平康坊，隔著春明門的大道與官署林立的崇仁坊南北相對。坊內聚居了長安城中屬於教坊官籍或自行營業的名妓，也有多達十五處各藩鎮駐京辦公的進奏院設置於此。新科進士張郎耳聞南曲劉五家，有位彈琴唱曲，行令作詩無不雅馴的裴三娘，但幾次走訪都無緣得見。今日張郎與幾位同年再次遞了紅箋名紙走訪劉五家，待他們一行酒過三巡，裴三娘這才從一群駐京進奏院官員的宴席離開，來到他們的席間。裴三娘果然名不虛傳，作詩行令詼諧應景，可謂妙語如花，令張郎深心傾慕，不禁盤算著本月8日街南保唐寺講經之時，就算得花上1000文銅錢給她的假母劉五，也要與裴三娘相約至寺中聽經。

### 女性帽飾

唐代女性服飾有戴帽的傳統，自唐初到開元天寶以來曾有幾次習慣上的轉變。唐代最早的流行是冪䍦，這種來自西北民族的女用頭巾是為阻擋風沙而設計的，能遮掩整個頭面甚至全身，在太宗一朝成為貴族女性外出時防止外人窺看的常見裝束。但到了高宗、武后的時代，雖然保守人士意圖抵抗，但仍未能阻止流行轉向較簡化飄逸的帷帽。開元之後，帷帽再度被更為輕便的尖頂胡帽取代，天寶四載的現在，別説胡帽了，就是女性在街上露髻而行，人們也都已司空見慣了。

### ▲蹀躞腰帶

蹀躞帶本是胡人垂掛隨身物件的腰帶，朝廷曾一度規定官員須佩帶蹀躞，隨身攜帶小刀、礪石、火石袋等七項物品，因此除了天子佩戴十三環的蹀躞帶外，一般的蹀躞帶大多佩有七環。開元年間，官員身佩蹀躞的規定解除，蹀躞帶反而成了女性穿男裝、著胡服時的流行配件。

### ▼髮髻妝容

大唐欣賞豐腴健美的女性，開放的風氣下女子的妝容也有許多講究。女性的基本髮式是以簪或釵挽在頭頂或側面的髻，樣式五花八門。有些華麗的高髻甚至得內藏骨架固定，若再配上釵子末端綴上成串珠翠的「步搖」，那走起路來真可令人目眩神迷。面上的學問也不小，除了得挑選形狀合適的花鈿貼在眉心，還得留意當今流行的眉形是濃闊、細長還是蛾翅的樣式，點唇的色彩要選緋紅、紫色還是奇異的烏黑之色，看來女子若要趕上時世妝的風潮，可是一樣也馬虎不得。

### 裙裝與衣袖

唐代的女性以穿著腰高至胸的長裙為莊重，多摺曳地的長擺則是奢華的象徵。上衣則多穿衣身短窄的上衣，單層的稱為「衫」，秋冬有夾裡的稱為「襦」。女性在室內或宴會時喜愛寬大的袖口配上披掛在肩背或雙臂上的飄逸帔帛，工作或活動時則有袖子短至肘部以上的「半袖」可以搭配，當然，袖口窄小的胡服或男裝，也是舞蹈或乘馬出遊時的好選擇。

唐人的假日多與節令有關，一年中幾乎每月都有節日，也因此官員們幾乎月月都有假期。每個節日休息的天數不同，短則一日，長則能到七日，拿弘文館工作的元校書郎來說，他全年固定的節假高達四十七日。和依時而行的長安居民們一樣，元校書郎在每個重要的節日，都有相應的活動慶祝時序推移，或舉行宗教儀式，或有熱鬧的娛樂節目，也可能只是享用特別的食物並與家人共度閒適的一天。

## 臘八

12月8日相傳是佛祖釋迦牟尼悟道的日子，因此臘八在佛教盛行的大唐，又被稱為「成道節」。元校書郎這天與妻子來到著名的大慈恩寺禮佛聽經。和長安所有的寺院一樣，大慈恩寺也根據佛祖得道的故事，以雜糧和乾果煮成臘八粥；供佛之後，就分送給來到廟裡的施主與鄰近地區的民眾享用，元校書郎和妻子一人就喝了兩大碗。

## 守歲

除夕是團圓的日子，長安城從皇城到民家，戶戶都在守歲。元校書郎今天也在皇城中參加款待群臣的盛宴。這場盛宴通宵以珍貴的檀木燃起篝火，也施放爆竹。在歌舞昇平中，群臣將歡慶的畫面寫成詩作，獻予皇上。回到家中，雖沒有宮內的豪華場面，但長安的居民已能在冬季保存鮮花，燭火通明的團圓夜裡，妻子在香爐中燃起沉香，桌上擺著鮮艷的盆花，讓冬日的夜晚顯得格外溫暖。

## 除夕送神

長安的年假以除夕為中心，前後各放三日。除夕當夜，元校書郎家也在送灶神，他請來僧人誦經；再讓妻子將灶馬貼在灶前。由於灶神又被稱為「司命」，他們也不免俗地在灶門塗上酒糟，稱為「醉司命」，盼望乘著酒意返回天庭的灶神，能少說些他們的壞話，保佑家庭平安。今夜元校書郎的灶中會放上一盞燈火「照虛耗」，目的是對付喜愛盜人財物的惡鬼「虛耗」，使它受燈火的驚嚇而不來侵擾。

## 元日

過完除夕就是元日了，元校書郎的妻子本打算趕早往西市去，卻在朱雀大街前被南洋諸國使節的隊伍給阻擋了。在元日這天，不只元校書郎一班官員會在早朝時向當今聖上祝賀，大唐各處屬地與鄰近國家的貴族或客使，也紛紛穿著盛裝、帶著本國珍品，向大唐天子朝賀。客使攜來的貢品中，珠寶綾羅自然不在話下，就連大象、花豹、鸚鵡等罕見的動物或珊瑚、怪石等意想不到的奇物，都在來朝客使的禮品單上。

## 人日

傳說正月初七是女媧造人的日子，元校書郎家這天依照風俗吃七樣菜蔬煮成的七寶羹，驅除邪氣。將彩紙剪成人形的「人勝」貼在屏風上也是人日的習俗，雖然元家不像富人能以彩綢甚至金箔剪人勝，但近年長安城在人日流行的花型、樹型或動物剪紙，元校書郎的妻子無一不精。今年人日，元家的屏風上就貼了一張精巧細緻的大公雞，令來訪的友人稱讚不已。

## 元宵

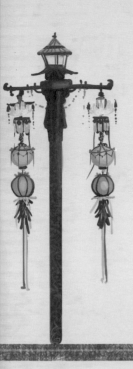

正月十五的上元節，長安城的夜晚光亮如畫。平日早早歇息的元校書郎，每年這天都會改變作息，與妻兒走訪全城賞燈，直至凌晨方回。中宗神龍年間起，正月十四到正月十六取消夜禁三日，長安居民都能通宵達旦地出坊賞燈。當今皇上特別喜愛元宵，登基頭一年，就曾在皇城西北的安福門外豎起二十丈高的巨大燈輪，掛上萬盞花燈，再以五彩綢緞與黃金白銀裝飾，配上千名少女在燈輪下踏歌三日。自此長安城元宵的盛況年勝一年。

## 社日

立春後第五個戊日是春社，與秋社一樣，是一年兩次祭祀土地的節日，也是鄰里間共同飲宴的日子。春社一早，元校書郎與四鄰一塊兒以青、紅、白、黑、黃的五色泥土堆起社壇，祭典結束後，也免不了分食祭肉並暢飲一番。這天他也得到皇上額外賞賜的粳米、海味與蒸餅，心情十分愉悅。

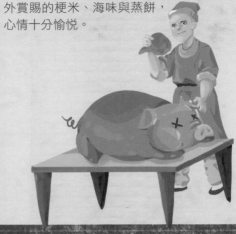

## 上巳節

3月3日上巳節，是屬於春天的節日，元校書郎與數位弘文館的同僚，這天打算使用朝廷補助朝臣上巳出遊的款項，備上一些酒食和胡餅到郊外踏青。雖不知還有多少今人記得先秦時，利用上巳節至水邊除災解厄的原意，但上巳的長安城，早已萬人空巷地湧向郊外與江邊遊玩。不僅皇帝在曲江亭中賜宴群臣，江邊更是遊人如織，元校書郎一行連找個空地坐下都難，更別說一興流觴賦詩的雅興了。不過，每年的上巳日，若他來到曲江邊，總免不了遇上幾位同住長安，卻已許久不見的舊識，可見曲江果真是長安人心目中上巳踏青、享受春色的首選之地。

## 寒食與清明

冬至後的一百〇五日是寒食節，這天起人們得禁火，吃冷食，到一兩日後的清明之日再起新火。皇城的內侍清明時有鑽取新火的競賽，最先得火的人，將受賜3匹絹和一口金碗。元校書郎共有四天假日，出城掃墓的路上，他看見城中處處圍滿觀賞蹴鞠的人們，許多大宅的院牆內，鞦韆也載著少女的衣帶凌空揚起；這歡暢的氣氛，讓他不禁也想趁著假期，到擊鞠場上一展身手。

## 佛誕節

4月8日佛誕節是讚頌佛祖誕生的日子。長安城的各寺院，都正以浸泡香花的吉祥之水洗浴佛像。篤信佛教的元校書郎與妻子，一早便在街前等待「行像」的隊伍。一尊尊佛像端坐於蓮座之上，隨著僧人細心裝飾的寶車巡行各坊，各寺院的旗幡間夾雜百戲藝人，使全城熱鬧非凡。

### 端午

仲夏將至的5月初五，皇上親臨興慶宮的興慶池觀賞龍舟競渡，喧騰的鼓聲和槳手的呼喝，周遭數坊都能聽見。這天，宮中照例大張宴席，雖然元校書郎品秩不高，沒能獲邀與皇帝同食，但他還是得到聖上賞賜的粽子、夏扇與新腰帶。他的妻子將畫有蛇、蠍、蜥蜴、蟾蜍與蜈蚣的五毒符掛在帳上，又將喚為五時花的石榴花佈置在廳前，希望今年炎夏能不受疫病侵擾。家族中的女眷今天也打算模仿宮中流行的遊戲，特製一批小巧的粉團與角黍放在盤中，再以小小的角弓輪流發箭射擊，射中哪個粉團的就能取走食用。

### 七夕

7月初七是女性的節日，元校書郎未嫁的女兒與族中女眷，耐心等到夜闌人靜的時刻。她們將自己備置的瓜果香案供在院中，再對著皎潔的圓月穿針，乞盼織女能賜她們一雙巧手。末了，少女們各捉一隻蜘蛛，關在小盒中；明晨揭開盒蓋，蛛絲越密便表示盒子的主人手藝越巧。

### 中元節

繼高宗皇帝將老子奉為「太上玄元皇帝」後，當朝玄宗皇帝更尊老子為「大聖祖」，不但繪製老子的畫像頒行全國，也下令在官學之中教授道家經典，道教在大唐皇家與民間所受的尊崇可見一斑。7月15日，在道家稱為中元節，與盂蘭盆節的立意類似，也是各道觀設齋醮，為民禳災祈福的重要節日。這天道教的信徒，也要祭拜守護城市與百姓的城隍爺，因此，中元節這天，長安城中的佛寺與道觀無不萬頭攢動，熱鬧非凡。

### 盂蘭盆會

7月15日是佛家超渡亡靈的日子，傳入中原後，更與儒家的孝道觀念結合，成為奠祭先人，為他們祈求福報的節日。元家夫婦帶著準備供僧的手巾與僧鞋，前往大荐福寺參加盂蘭盆會。由於盂蘭盆會的會場中不讓飲酒吃肉之人隨意進出，虔誠的元校書郎為此業已齋戒數日。寺前的盆壇在昨日已佈置妥當，一條條長桌上供滿承裝各式素菜的盂蘭盆，這些菜色不但是平日食粥的僧人罕於見到的精緻菜餚，還細細的分出了二十四種顏色。此外，案上還放滿施主們供養的各色供品，有花蠟、花餅，時鮮花果，甚至還有精工巧製的蠟燭與假花。儀式由僧人登壇誦念《盂蘭盆經》開展，在誦經聲中，元校書郎隨著眾人的隊伍繞行，將攜來供僧的衣物放在長桌之上。儀式完成後，無論本寺的僧人還是遊方的僧眾，全都坐下享用盂蘭盆中一年難得的盛宴。

### 千秋節

開元17年（729）天下昌平，當朝皇上李隆基在群臣的籲請之下，將自己8月初五的誕辰定為節日，稱為「千秋節」。自此，元校書郎等官員在千秋節就有一到三天的假期。各地在這天向朝廷上貢本地的特產以為壽禮，有些高官還能在這天得到皇帝賞賜的絹帛或銅鏡。朝廷也在千秋節這天禁屠，並大赦天下囚徒為聖上祈福。皇帝的壽宴向來在興慶宮的花萼樓下舉行，皇上和貴妃與百官飲酒賦詩同歡共樂。今天元校書郎在千秋節宴中，觀賞了當今世上最為精彩的百戲。不但見到隨音樂起舞的馬匹，還看了令他捏把冷汗的載竿之戲，以及在細索上擦身而過的胡女。最後，元校書郎見到了犀牛這種令他目瞪口呆的異國奇獸，使他不禁為大唐天子的威儀心生感動。同時，這天也是秋社的日子，長安各地，也與春社之日相同，四處都是參與社祭後的宴席。

### 中秋節

長安城中處處飄起桂花香氣的時候，就是中秋時節了。8月是秋收的季節，古來也稱中秋為「仲秋」，人們常在豐收之際拜月起舞。近年來，長安的人們已漸漸將8月15日特指為中秋，並有了相約賞月的習俗。中秋這天秋高氣爽，元校書郎雖沒放假，卻也在傍晚受到同僚的邀約，來到曲江江畔飲酒賞月。酒過三巡，眾人泛著小舟來到波光粼粼的江心，望著圓月在水面的倒影，有人談起了當今聖上傳遍長安的逸聞。

話說開元6年（718）之時，皇帝與申天師和鴻都道士在8月15日時望月，經天師作法，三人飛過雲端，俯瞰長安城，不多時來到廣寒月宮。在巨大的桂樹之下，三人聽見陣陣仙樂，而數十名乘坐白鸞的白衣女子，正飛舞著衣袖隨之起舞。正當皇帝聽得如癡如醉之時，申天師又再施起法術，將皇上請回人間。精通音律舞蹈的當今皇上，回憶此次天界一遊，將月宮中的仙樂與歌舞譜成了《霓裳羽衣舞曲》，令梨園子弟重現天界歌舞。故事說罷，眾人舉頭更覺月色清麗，於是每人賦詩一首後趁興而歸。

### 重陽節

易經中以「九」為陽數，因此9月初九又被稱為「重陽節」。重陽是登高踏青的日子，這天元校書郎與族兄元七和姪兒小建依俗佩上茱萸；街鼓才響起，他們便出坊往曲江池北的樂遊原處登高。秋高氣爽，他們乘驢沿著大街慢慢南行，許多盛裝的官家男女，或乘馬、或乘輿，也正浩浩蕩蕩地往相同的方向前進。秋季的重九也是出獵之日，元家三人在接近啟夏門時，一行飛馳的馬隊越過眾人，往城外奔去，想必正是某家王孫打算帶著僕從出城圍獵。他們胯下的駿馬、腰間的良弓與手臂上雄健的獵鷹，都讓小建露出豔羨的表情。

傍晚回到家中，元校書郎坐在案前，對應景盛開的秋菊玩賞了一陣，再飲下了妻子泡製的菊花酒，一時又覺文思泉湧，於是喚醒了已在瞌睡的小建為他備紙磨墨，寫下一篇描寫秋日重陽的詩文。

法堂

**俗講**

大慈恩寺的法堂內，聚集了一群人席地而坐，專心聆聽香案後的老和尚講著《法華經》中的佛法故事。這是唐代寺廟中常見的場景，僧侶會將佛經故事以通俗文字說唱給信眾聽，既弘揚佛法，也可為寺廟帶來更多香油錢。宣講的內容，逐漸演變成「變文」，先用散文講述故事背景，再以歌唱的韻文渲染細節。

唐代長安及洛陽的寺院是東亞各國留學生及僧侶學習知識、交流互動之處，朝廷也設有專門機構管理日本、新羅來的學問僧。西元608至882年之間，日本入唐的學問僧於史籍上記載的就有九十二人，其中四十多人曾到達或留居長安。這段期間，法相宗、三論宗、華嚴宗、天台宗、禪宗等各宗派都透過學問僧傳入日本。例如653年入唐的道昭就在長安追隨玄奘學習法相宗，回國後就在平城京開創日本法相宗。而榮睿、普照於734年入唐，在洛陽、長安學法，還邀請揚州龍興寺的高僧鑑真東渡日本傳播律宗。普照回國後，更效法長安市街的路樹種植，提議在平城京道路兩旁種植果樹。長安城新昌坊東南隅的青龍寺，在中唐後更是空海、圓仁兩位大師學習唐密之處。

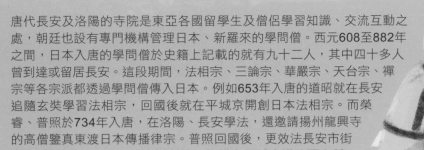

玄奘大師於643年自天竺取經回來後，唐太宗為其於大慈恩寺建大雁塔貯藏攜回的佛經佛像，並支持他在長安設立譯經院，全國及東亞各地紛紛前往長安及洛陽參與譯經、弘揚佛法。玄宗時期最著名的譯經大師就是「開元三大士」之一的不空（705-774）。不空是獅子國（今斯里蘭卡）人，追隨其師金剛智到洛陽，後在長安大興寺設道場，開始翻譯密宗的經典並度僧受戒。唐代譯出經、律、論等四百餘部，共二千六百餘卷，成為漢文大藏經的基本內容。

佛教寺廟往往身兼社會福利事業，除了大寺廟設有福田布施外，施藥治病、設立粥堂救助貧苦都是寺廟的社會功能之一。武則天時期創辦了悲田養病坊，設於寺院中，漸由長安、洛陽擴至全國，負責救濟貧困、療養疾病、施藥，甚至還包含了臨終關懷照護的功能。悲田養病坊雖設在佛寺，內外打理也由寺僧操辦，但是由國家官本放貸的利息支付經費的，可說是半官方半民間的設施。另外，因為醫療行為常被視為一種方術，所以僧侶以咒術祈禱治病也時有所聞。

　　盛唐時期的佛教文化已臻至鼎盛，施造佛像、抄譯佛經，及修復廢寺都是佛教信徒祈求神佛庇護並答謝神恩的幾種宗教活動。除了玄奘、善無畏、不空等人的譯經事業外，吳道子、王維等人在佛教繪畫上的高度成就，以及龍門石窟造像活動於高宗及武則天時期達到高峰，都證明盛唐時期佛教的興盛。施造佛像並不僅限於帝王族，像開元12年（724），宦官楊思勗就率領一批宦官在大明宮外的光宅寺七寶臺造像，他自己也在龍門的奉先寺為其亡母造石龕，供奉十一面觀音及地藏菩薩。而一般民眾也會合資一起供奉造像。另外，唐代的石窟造像，一反北魏時期的清姿秀骨、飄逸脫俗，呈現更寫實更動人的體態，佛像的面容豐腴、沉穩大方，菩薩的身形婷婷婀娜、富有人情味，力士天王像則雄偉威猛、氣勢奪人，展現大唐文化的活力。

在河西走廊的西端，古老的綠洲城市——敦煌，成為大唐與西域之間往來的必經之路。通往西域者，必須由蘭州進入河西走廊，經過武威、張掖、酒泉及嘉峪關，最後到達敦煌，準備告別中原地區。來往的僧人及旅人，為了祈福禱告或弘揚佛法，紛紛開鑿石窟、創作壁畫與彩塑。敦煌石窟中規模最大、內容最豐富的就是敦煌莫高窟，另外安西榆林窟及敦煌西千佛洞則緊追其後。開鑿石窟後，必須先抹泥灰、塗白粉，將壁面整理得平滑光潤，才能開始繪製壁畫。因為畫師面對的是一整個石窟，構圖必須以3D的概念考量整體的內容、布局、壁畫與彩塑的比例及配合。彩塑會有主像三、五、七、九尊不等，次要尊像如八大菩薩、十大弟子有時畫在龕壁上，有時以較小的尺寸塑於兩側。塑像的項光、背光大多是繪在壁面上，龕頂再繪有寶蓋、飛天、花雨等。繪製壁畫時先勾勒線稿，再著色敷彩，最後再次勾勒定稿線才算完成。在敦煌的石窟寺中，另外還有「變文」與「變相」的寫本遺留。「變」意指「經變」，也就是將佛經內容加以變化。以佛經的內容為題材寫成的文學作品即變文，寺廟僧侶會用在俗講中，以說唱的型式，用通俗語言解說佛經。而將佛經故事以圖像詮釋的即為變相，而後變文與變相結合，僧人就指著畫中的圖像說說唱唱。

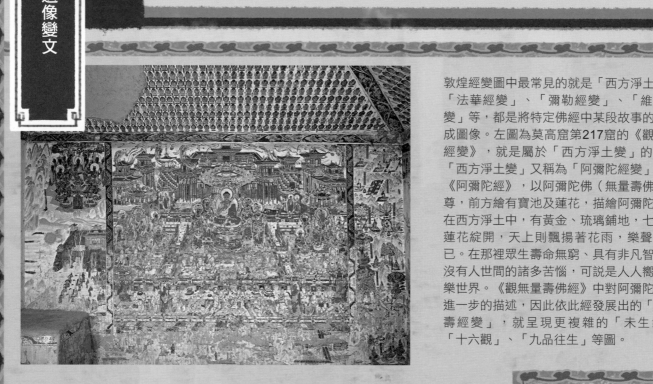

敦煌經變圖中最常見的就是「西方淨土變」、「法華經變」、「彌勒經變」、「維摩詰經變」等，都是將特定佛經中某段故事的內容繪成圖像。左圖為莫高窟第217窟的《觀無量壽經變》，就是屬於「西方淨土變」的一種。「西方淨土變」又稱為「阿彌陀經變」，依據《阿彌陀經》，以阿彌陀佛（無量壽佛）為主尊，前方繪有寶池及蓮花，描繪阿彌陀淨土。在西方淨土中，有黃金、琉璃鋪地，七寶池中蓮花綻開，天上則飄揚著花雨，樂聲繚繞不已。在那裡眾生壽命無窮、具有非凡智慧，也沒有人世間的諸多苦惱，可說是人人嚮往的極樂世界。《觀無量壽佛經》中對阿彌陀淨土有進一步的描述，因此依此經發展出的「觀無量壽經變」，就呈現更複雜的「未生怨」、「十六觀」、「九品往生」等圖。

唐代石窟寺中難得的現實人物畫就是供養人畫像，不同於北朝的供養人像多為尺寸較小、位置較下方、人物不具個人肖像特色，唐代的供養人出資開窟後，會清晰地留下自己的塑像、姓名及發願文字。像盛唐時期莫高窟第130窟中的《都督夫人太原王氏禮佛圖》，就展現都督夫人的華貴樣貌。壁畫中的她比真人還大，服飾及華蓋等衣著配件也描繪得精緻華美，身後率領二女及九位婢女，身形遞減，顯示出主從之間的明確等級。

敦煌壁畫中有些是以現實生活的情景為題材。例如右側的莫高窟第23窟北壁《雨中耕作圖》，顯現陰雨中農民一手扶犁、一手揚鞭趕牛耕作的情景，一旁還有農民運送收割穀物，山坡下則有人在吃農婦送來的茶飯，呈現一般老百姓的日常生活。而左側的莫高窟第45窟南壁《商旅遇盜圖》，描繪來往中國西域的胡商遭到強盜行搶，有的驚慌失措、有的雙手合十默念觀音名號，也有的非常鎮定，似乎正在與強盜交涉放行，生動如實地反映出絲路上往來商旅的危險。

敦煌寫本中唯一彩繪的《降魔變文圖卷》分為正反兩面，正面是六幅變相，反面是相對應的唱詞。畫面描繪唐代常見經變題材「勞度叉鬥聖變」，亦即勞度叉與舍利弗的六次鬥法。故事是說北方憍薩彌羅國舍衛城中的大臣須達多，樂善好施，因此被稱為「給孤獨長者」。他發心要請釋迦說法，向祇陀太子購買花園以便建造祇園精舍。佛陀派了弟子中智慧第一的舍利弗督導精舍的建造，卻遇到以勞度叉為首的六師外道阻撓，因此舍利弗便與勞度叉在國王面前鬥法。六個回合中，舍利弗先後變成金剛、獅子、香象、鳥王、天王及風神，戰敗六師幻化成的寶山、水牛、寶池、毒龍、惡鬼及大樹，大獲全勝。上圖描繪的是第三個回合「六牙香象踏寶池」。此時勞度叉變成了一座七寶蓮花池，池中蓮花盛開，而舍利弗則變成一頭六牙白象，來到蓮花池畔，以長鼻子瞬間吸光池水，七寶蓮花也因而枯死。圖的最左側是觀戰兼裁判的國王、大臣及眷屬坐在高台上，一旁是六師外道及其眷屬坐在寶帳中，上方則有助陣的撞鐘比丘。畫面中央可看見舍利弗化身的白象與勞度叉幻變成的蓮花池，最右側是舍利弗及其眷屬，上方也有助陣的擂鼓手。反面的唱詞每回合皆先以散文描述故事大要，再以如「舍利舉目而南望，化出六牙大香象。行步狀如雪山移，身軀廣闊難知量。口裏嚙岩吐六牙，一一牙高一百丈。牙上各有七蓮華，華中玉女無殷當」這樣的韻文渲染決鬥的場景，相當精采。敦煌石窟中，除了此寫本外，第9窟及第196窟都有整個壁面的「勞度叉鬥聖變」，由此可見這個故事在唐代極受歡迎。

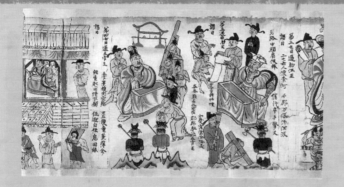

「目連救母」是佛經故事中最普及流傳的。唐代敦煌的變文中，共有三種寫本描述此故事，除了上圖的《大目乾連冥間救母變文》外，另外還有《目連救母變文》及《目連緣起》。三種寫本詞句繁簡有別，但情節結構大抵相同，也都是根據《佛說盂蘭盆經》所寫。佛弟子目連的母親青提夫人因不信佛而墮入地獄，目連不畏險阻，下至黃泉，一路上詢問所遇眾魂獄官探救其母。後來在如來的法力下，目連救母出地獄。又為了讓母親能喝水飲食、去除罪孽，而廣造盂蘭盆施諸餓鬼。整篇故事著重宣揚因果報應及六道輪迴，強調地藏菩薩的慈悲及如來佛祖的法力。文中也對地獄慘況、刑罰報應，乃至獄卒的兇狠有極為詳盡的描寫，可說是對現實社會的間接反映描述。另外，文中所提到的閻王、地藏菩薩、獄官等與死後世界有關的裁判及救贖體制可說是將黃泉世界制度化，一部分反映出唐代宗教將人間與陰間相比擬的發展。《大目乾連冥間救母變文》在唐代流傳甚廣，後世的說唱文學、鼓詞、寶卷、戲曲等也常取材於此，尤其是對閻王殿和幽冥世界的描寫影響了後世許多文學作品，為最受民間歡迎的佛教故事。

敦煌石窟中莫高窟第17窟，即為「藏經洞」，又被稱為「敦煌石室」或「鳴沙石室」，位於大型佛壇式洞窟第16窟內，前室通往後室的甬道北壁。藏經洞隱藏了千年之久，在清朝光緒26年（1900）才由一位湖北道士王圓籙發現，之後吸引了英國探險家斯坦因、法國人伯希和、日本大谷探險隊的橘瑞超與吉川小一郎及俄國考古學會會長奧登堡等人，陸續從王道士手中以極低廉的價錢帶走的數萬卷寫本。在朝野壓力下，清朝廷於1910年帶走了八千多卷寫本存放在京師圖書館。這些寫本中有大量的變文及歷史資料，其中變文的題材不但有佛經故事為主的「經變」，還有歷史故事及民間傳說，例如《伍子胥變文》、《韓擒虎話本》及下圖的《孟姜女變文》等。近來學者依據《孟姜女變文》，還考證出當年孟姜女哭倒的長城位於包頭陰山，間接呈現過去秦始皇修築長城的歷史。

流沙丹灶與三夷教：
道觀、祆祠、波斯寺的多元發展

## 公主入道

景雲2年（711）的1月18日，玄宗的兩個妹妹——金仙公主及玉真公主——在宮中的歸真觀，拜太清觀主史崇玄受道。兩位公主的入道齋儀辦得相當豪華，處處使用錦鍛及金玉器物，齋儀結束後，還施捨儀式中所用的床褥器具衣物各五百副及絹布一萬匹，價值超過萬貫。玄宗更為她們修建豪華的道觀，在當時引起許多詩人的傳詠，也有不少大臣上疏勸諫此等奢華的風氣。兩位公主的規格自是非比尋常，但唐代貴族女性入道卻很常見，尤其自高宗朝開始，公主帶髮入道之風漸起。武則天之女太平公主就曾以「為外祖母積福」的名義，以及拒絕和親吐蕃而入道，但不是住在宮中，就是和親一事告吹後即還俗，可見入道多半只是祈福或避世的暫時性手段。貴族女性入道者，也往往保有過去的生活方式及社交生活，與文人雅士也多有往來，另外像楊貴妃也曾被玄宗敕書做太真觀女道，直到745這年才還俗封為貴妃。

## 長生不老的煉丹術

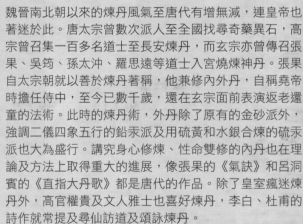

魏晉南北朝以來的煉丹風氣至唐代有增無減，連皇帝也著迷於此。唐太宗曾數次派人至全國找尋奇藥異石，高宗曾召集一百多名道士至長安煉丹，而玄宗亦曾傳召張果、吳筠、孫太沖、羅思遠等道士入宮燒煉神丹。張果自太宗朝就以善於煉丹著稱，他兼修內外丹，自稱堯帝時擔任侍中，至今已數千歲，還在玄宗面前表演返老還童的法術。此時的煉丹術，外丹除了原有的金砂派外，強調二儀四象五行的鉛汞派及用硫黃和水銀合煉的硫汞派也大為盛行。講究身心修煉、性命雙修的內丹也在理論及方法上取得重大的進展，像張果的《氣訣》和呂洞賓的《直指大丹歌》都是唐代的作品。除了皇室瘋迷煉丹外，高官權貴及文人雅士也喜好煉丹，李白、杜甫的詩作就常提及尋仙訪道及頌詠煉丹。

## 造像與《開元道藏》

道教信徒常以造像作為積累功德的方法之一，因早期道教並不供奉神像，因此鮮少石刻造像。僅管數量上不及佛教造像，但在道教被高度推崇的唐代，信徒崇拜活動大增，造像也因此大加發展，現今仍留有當時所造的老子、元始天尊及張天師雕像。

另外，唐代在道書的編纂上也有所成就。玄宗於開元年間開始《三洞瓊綱》的編輯，當時即以三洞四輔的分類法，纂編各朝代經過官方認可的道教經典。《三洞瓊綱》又被稱為《開元道藏》，可說是日後宋徽宗時的《政和萬壽道藏》及明英宗時的《正統道藏》的雛型。

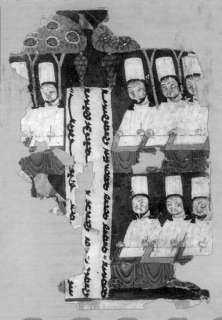

▲開元19年（731）時以漢文書寫的摩尼教經典。

▶高昌國出土的摩尼教神父辦公圖與手稿。

## 摩尼教

流行於大唐西北吐火羅等國的摩尼教，在唐高宗與武則天的時期，由波斯人拂多誕傳入中土自安西督護府一帶進入中原。也在差不多的時間，摩尼教成為北方回紇的國教，是唐代流傳的「三夷教」之一。摩尼教源自古波斯的祆教系統，教義混合了祆教、基督教的思想，在3世紀左右，由教主摩尼從波斯開始向敘利亞、埃及等地傳播。摩尼教主要的信仰體系是以光明為善，黑暗為惡，認為世界分為「三際」；先由光明與黑暗清楚二分的初際時期，過渡到現今正處於黑暗侵入光明，光明需與黑暗鬥爭的中際，並將在最終回到明暗二分的後際；也因為這樣的教義，摩尼教在中土又被稱為「明教」。開元天寶年間，玄宗雖不認可摩尼教在長安開寺傳教，但仍允許來自西方的胡人繼續信仰該教，也因此摩尼教在中土不若祆教與景教盛行，卻仍在民間以秘密結社的方式持續流傳。

▲新疆洞窟中所繪的聶司托里教派神職人員。

## 景教

由希臘東正教分裂而出的「聶司托里教派」，因對耶穌神性的教義解讀問題，被羅馬教廷視為異端，自此開始向海外發展，傳入中土後先被稱為「波斯經教」或「大秦教」，後又被稱為「景教」，因此寺廟常被稱為「波斯寺」。太宗時期大秦僧人阿羅本攜經文來到長安，由當時的宰相房玄齡迎接，並獲朝廷允許在長安建寺傳教，開始將教義經典翻成漢文。景教從傳入之初即與大唐皇室的關係密切，不但教父阿羅本在高宗時被賜號為「鎮國大法王」，景寺中也懸掛大唐歷代帝王的畫像。雖曾因武則天一朝崇佛而有過短暫的危機，但也因為將經典佛教化，並為女皇在洛陽建立「頌德天樞」（碑塔）而逃過禁絕的命運。開元年間，玄宗曾邀景教教士至興慶宮講道，或命親王至景寺禮拜，景教當時在長安上流社會中得到的重視由此可見一斑。

▲立於唐建中2年（781）的「大秦景教流行中國碑」正面為漢文，側面刻有敘利亞文。

◀「法拉瓦哈」是祆教著名的標誌，有人認為是天使的形象，也有一說是人類靈魂的樣子。

## 祆教

在伊斯蘭教興起前，曾為波斯國教的「瑣羅亞斯德教」隨著往返各國，以粟特人為主的西域客商傳入中土，在中國被稱為「祆教」或「火祆教」，信仰者多為胡商。祆教與摩尼教類似，都是相信光明與黑暗鬥爭的善惡二元論宗教，因此，祆教徒升火壇並以牛乳、鮮花、與肉類祭祀善神馬士達。同時，由於祆教徒認為水、火、土都是神聖不可玷污的，因此人死後多讓飛禽或其他動物食去遺體作為天葬。長安有五座祆祠，東都洛陽亦有三座。長安西市以北的醴泉坊中，西門之南就是長安城一所祆祠的所在地，另在布政坊、普寧坊、靖恭坊和崇化坊中也都建有祆祠。到了祆教祭典的時節，祆祠所在的坊內胡人雲集，載歌載舞、祭祀飲酒，有時還有信徒以鐵釘、刀刃自傷肉體的方式顯示神蹟。在各族交會的敦煌地區，這樣的儀式更為盛大，被民眾稱為「賽祆」。

在大唐的國境中，除非地勢特別險峻，不然每約30里就有一個驛站，其主要功能是政令、公文的傳遞。拿路驛來說，驛夫一天能推進六站約180里的路程，而遇到軍報緊急，或官員遭貶的特殊狀況，還能快馬加鞭至一日300里到500里的飛速。開元29年（741），大唐境內的水驛路驛，多達一千六百多所，其中近一千三百所是路驛。驛站平時除飼養輪替的驛馬與維護車駕船隻外，也設置「驛舍」招待因公旅行的官員和使者。這些驛舍絕不只是湊合一宿的落腳地，許多交通要衝的驛站，不但有豪宅般寬敞的廳堂、優雅的亭台水榭，還有專用的酒庫、茶庫與鹹菜庫。往來奔波的驛夫或有令在身的官吏，都可依工作內容規定的日數，免費享受食宿。但若是個人理由的旅行，無論身分高低，都只能去私人旅店花錢盤桓了。

負責管理驛站的「驛長」常是地方上曾擔任文官工作的年長者，他必須統籌驛中所有事務，小至驢馬照護，採買驛舍所需物資，大至寄遞軍報公文、管理驛夫，都是其職責所在。而在路驛負責騎馬奔波，在水驛負責拉縴行船的驛夫們，則由庶民輪番服役。負責傳驛時可攜帶的行李、更換坐騎的時間、甚至是私帶貨品的懲罰都有嚴格的規定。

### 租車業盛行

長安的商業活動鼎盛，社會氣氛開放，不管是節日出遊還是搬運貨品，人們總有各種出門遠行的理由。就算只在城中移動，長安城從東到西有10公里，南北也近9公里的距離，找個代步工具始終是個實際的需求。於是，長安城中出現許多以租車為業的「車坊」、「車家」。牛車是踏實耐操的交通好夥伴，租車的費用可用距離計算，也可用時間計算，租台牛車走1里路大約35文，租上一天的價錢則要3尺絹，和朝廷雇人徭役一日的價格相當，並不十分昂貴。因此，不只是外地進城的客商，或臨時有需要的庶民會租車代步，就連官府有時也選擇租車載運糧草、搬運貨物。車家的生意興隆，也讓修車成了營生的行當，城東的通化門外，就是修車工匠聚居的地方，車坊只要有需要，他們都能隨傳隨到！

### 平實的驢子

由於唐代對私人擁有馬匹的數量多所限制，所以馬匹成了身份地位的象徵，而驢子才是一般百姓真正仰賴的交通工具。在東市裡，有專門租驢的生意人，走在路上，也能看見路邊牽驢待租的小童。有時他們也會跟著租驢的人走到目的地，等租金到手了，再牽著驢子尋找下一筆生意。遠行的人，更有租驢的需要，長安城中，就有專為往來長安洛陽兩京間旅人雇驢的服務。不過，這種便利的代步選擇，曾一度被罪犯利用，他們仗著租驢的便利，在犯事後就租驢逃到其他城市，使朝廷傷透腦筋。此外，驛驢也是驛站中除了馬外最常見的牲口，除了這些官方自行飼養的驢子外，官府在有需要時，還是會以同樣一日3尺絹的公定價格向民間徵用驢口。

### 四通八達的水路

唐代的水運十分發達，在境內有計劃地修築運河，彌補河流多為西向東流的不足，都城長安就有多條運河通向城中，境內的水道也都設有水驛管理。南北向的運河與自然水路聯繫後，大唐境內的物資流通順暢，東南的稻穀、物產都可透過水運送到北方。此外，發達的海運，也是唐代水運了不起的成就。北方能入渤海通高麗、日本的登州、能自南方跨越東海，到達日本南方各島的揚州、明州、溫州、福州諸港，以及能通天竺與南洋各國的廣州，都是大唐以海路聯繫國際的門戶。大唐的造船技術先進，可造20丈長的大型船隻，上載船員六、七百人。唐舶的結構堅固，有水密隔艙，海員亦能熟練地利用信風航行，因此航路延伸極廣，甚至有能到非洲東岸的說法，可說是當時海上的霸主。

曾經坐鎮長安城南，規模雄偉的明德門城樓，如今只是一片尋常的公寓住宅區。

玄宗與楊貴妃日夜盤桓的興慶宮，如今是座優美閒適的城市公園，遊人與孩童的嬉笑聲，取代了千年前梨園子弟的歌舞。

過去為朝廷內學問之地的太學國子監，現在是保存過往珍貴碑石文物的西安碑林博物館。

雁塔仍是雁塔，經過千年的戰亂興衰、人事變遷，它仍以寧靜慈悲的姿態，陪伴這座城市。

昔日商賈如雲、奇珍羅列的東市，是今天西安市中作育英才，令學子嚮往的交通大學。

## 參考書目

### 專書

（五代）王仁裕、（唐）姚汝能，曾貽芬點校，《開元天寶遺事・安祿山事跡》，北京：中華書局，2006。

（後晉）劉昫，《舊唐書二百卷，目錄一卷》，上海：中華書局，1923。

（唐）蘇鶚，《杜陽雜編》，台北：台灣商務印書館，1978。

（宋）宋敏求撰，（清）畢沅補，《陝西省長安志二十卷》，台北：成文，1970。

（宋）李昉，《太平廣記》，北京：中華書局，1961。

（宋）歐陽修，呂思勉選注，《新唐書選注》，台北：台灣商務印書館，1965。

（清）嚴炳文，《兩京城坊考》，揚州：廣陵書社，2003。

甘懷真，《唐代家廟禮制研究》，台北：台灣商務印書館，1991。

申秦雁，《懿德太子墓壁畫》，北京：文物出版社，2002。

白壽彝主編，《中國通史：第六卷》，上海：上海人民出版社，2013。

向達，《唐代長安與西域文明》，台北：明文，1981。

佚名，《輦下歲時記》，台北：藝文印書館，1970。

李國珍，《新城、房陵、永泰公主墓壁畫》，北京：文物出版社，2002。

李默主編，《老師沒教的中國史：遨遊隋唐盛世》，台北：好讀出版有限公司，2008。

吳宗國主編，《盛唐政治制度研究》，上海：上海辭書出版社，2003。

胡倫清編註，《傳奇小說選》，台北：正中書局，1991。

徐楓、牛貫杰主編，《夢迴千年的華章》，台北：風格司藝術創作坊，2014。

氣賀澤保規著，石曉軍譯，《絢爛的世界帝國 隋唐時代》，廣西桂林：廣西師範大學出版社，2014。

高國藩，《敦煌學百年史述要》，台北：台灣商務印書館，2003。

張銘洽，《章懷太子墓壁畫》，北京：文物出版社，2002。

郭紹林，《隋唐歷史文化續編》，北京：中國文史出版社，2008。

陳登武，高明士，《從人間世到幽冥界：唐代的法制，社會與國家》，台北：五南圖書出版股份有限公司，2006。

森林鹿，《唐朝穿越指南》，台北：楓樹林出版社，2014。

楊波，《長安的春天：唐代科舉與進士生活》，北京：中華書局，2007。

楊福泉，《華夏諸神：灶神卷》，台北：知書坊出版社，2000。

榮新江，《隋唐長安：性別、記憶及其他》，上海：復旦大學出版社，2010。

榮新江主編，《唐代宗教信仰與社會》，上海：上海辭書出版社，2003。

劉希為，《隋唐交通》，台北：新文豐出版公司，1992。

劉章璋，《唐代長安的居民生計與城市政策》，台北：文津出版，2006。

鄧小南主編，《唐宋女性與社會》上下冊，上海：上海辭書出版社，2003。

薛平拴，《古都西安：長安商業》，西安：西安出版社，2005。

謝敏聰，《盛世皇都旅遊：隋唐長安與明清北京對比探奇》，台北：台灣學生書局，2006。

韓養民，李志慧，郭興文，李穎科等，《中國民俗史.隋唐卷》，北京：人民出版社，2008。

羅香林，《唐代文化史研究》，台北：台灣商務印書館，1996。

冀書鐸，劉德麟主編，《圖說隋唐五代》，台北：知書坊出版社，2014。

### 期刊論文

王淑華，〈唐代商人小說研究——以《太平廣記》所見為主〉，台北：中國文化大學中國文學研究所碩士論文，2010。

李昱東，〈唐代科舉制度的演進〉，《空大人文學報》，第19期（2010），頁179–208。

李埏，〈略論唐代的錢帛兼行〉，《歷史研究》，第1期（1964），頁169–190。

妹尾達彥，〈長安：8世紀的都城——呂大防〈長安圖〉的世界認〉，發表於「空間新思維——史與圖學國際學術研討會」（2008）。

俞鋼，〈唐代制舉的形成及其特點〉，《上海師範大學學報（哲學社會科學版）》，第34卷，第3期（2005），頁91–97。

張勒，〈重月傳統與文化選擇：中秋節在唐代的形成〉，《民族藝術》，第1期（2013），頁90–96。

許友根，〈《登科記考補正》進士史料再補〉，《石河子大學學報（哲學社會科學版）》，第23卷，第2期（2009），頁71–94。

許友根，〈唐玄宗天寶年間進士科狀元考辨〉，《曲靖師範學院學報》，第23卷，第4期（2004），頁94–97。

陳明光，毛蕾，〈唐宋以來的牙人與田宅典當買賣〉，《中國史研究》，第4期（2000），頁63–72。

曾永義，〈參軍戲及其演化之探討〉，《臺大中文學報》，第2期（1988），頁135–226。

黃水雲，〈唐五代敦煌、吐魯番買賣契約的法律與經濟分析〉，《法制與社會發展》，第6期（1996），頁51–54。

黃水雲，〈唐賦節日遊藝書寫——以千秋節為主的考察〉，《國文學報》，第52期（2012），頁59–86。

劉富民，〈戲曲丑角源流考〉，《當代戲劇》，第6期（2001），頁53–55。

鄭柏彥，〈再議「梨園」的起源及與「教坊」之關係〉，《東華中國文學研究》，創刊號（2002），頁151–166。

簡錦松，〈長安唐詩與樂遊原現地研究〉，《臺大文史哲學報》，第60期（2004），頁75–112。

## 網站

中央音樂學院現代遠程音樂教育學院，中國舞蹈通史第十講，http://media.open.com.cn/media_file/rm/zhongyin2005/zhongguowudaotongshi/index01_10.htm。

中國古代貨幣，http://www.chiculture.net/0901/html/index.html。

唐代日常生活史，教學部落格，http://tanglife.pixnet.net/blog。

國學網，摩尼教研究，http://www.guoxue.com/study/monijiao/mxh_001.htm。

漢典古籍，唐六典，http://gj.zdic.net/archive.php?aid=752。

央視網視頻，紀錄片，《大明宮》，http://jilu.cntv.cn/humhis/daminggong/videopage/index.shtml。

## 圖片來源

頁34：

（清）上官周，《晚笑堂畫傳—李白》，乾隆8年刊行。

《1481년 간행된 분류두공부시언해（分類杜工部詩諺解）》，http://commons.wikimedia.org/wiki/File:Dusieonhae.jpg。

（唐）王維，《輞川圖》，藏於日本聖福寺。

頁35：

（唐）顏真卿，《大唐西京千福寺多寶塔感應碑文》拓本。

（唐）李邕，《李思訓碑》拓本。

（唐）李隆基，《石台孝經》拓本。

（唐）張旭，《古詩四帖》局部。

頁36：

（唐）吳道子，《八十七神仙卷》，徐悲鴻紀念館藏。

（唐）李昭道，《龍舟競渡圖》，北京故宮博物院藏。

（唐）梁令瓚，《五星二十八宿神形圖》，日本大阪市立美術館藏。

（唐）韓幹，《照夜白》，美國大都會博物館藏。

頁37：

（唐）張萱，《搗練圖》，遼寧省博物館藏。

（唐）周昉，《簪花仕女圖》，遼寧省博物館藏。

頁46：

莫高窟第217窟北壁，《觀無量壽經變》。

莫高窟第45窟南壁，《商旅遇盜圖》。

莫高窟第23窟北壁，《雨中耕作圖》。

莫高窟第130窟，《都督夫人禮佛圖》。

頁47：

《降魔變文圖卷》局部圖。

《大目乾連冥間救母變文》局部圖。

《孟姜女變文》局部圖。

作者

梅心怡
加州大學洛杉磯分校（University of California, Los Angeles）歷史學博士候選人、布朗大學（Brown University）歷史學碩士。熱愛歷史，希望能讓更多人知道歷史並不枯燥乏味，可以用輕鬆有趣的圖文聆聽過去的聲音，了解古老時光的動人之處。

趙家璧
東海中文學士、加州州立大學長堤分校（California State University, Long Beach）語言學碩士，喜歡看書，也喜歡為小朋友寫有趣的故事。相信很多知識都可以是有趣的，對於和身邊的人分享新知樂在其中，因此一直嘗試著文字創作的工作，希望能與更多人分享發掘新事物的快樂。

繪者

韓采君、趙大威
韓采君，復興商工美術科西畫組，在動漫相關領域有近十年的工作資歷，曾任漫畫助手、遊戲與動畫背景美術，對於美術風格與色彩設計有著豐富的經驗。

趙大威，大學畢業於加州藝術學院（CalArts）角色動畫系，回國後於臺灣藝術大學多媒體藝術學系取得碩士學位，擅長傳統2D動畫與分鏡繪製。

夫妻兩人曾合力製作：《菊花小箱》、《黑熊阿墨》等動畫作品，長期投入具有共同視覺特色的圖像創作，並期望作品能帶給讀者愉悅的心情。

邱書怡
出生於台灣台北，旅居美國，畢業於紐約視覺藝術學院（School of Visual Arts）。嫻熟傳統手繪動畫技巧，對角色觀察與表演有著專業的基礎。熱愛動畫和兒童繪本，認為那是通往奇幻王國的媒介。

胡博閎
1977是爸媽生的!!
1993是學美術的$
2003是想應用的#
2007是常矛盾的&
2014是愛造夢的@
接下來我不知道耶?

張智強
出生於台灣台北，畢業於新竹師院美勞教育系，目前從事動畫設計相關工作。從中學一路到大學，皆就讀於美術相關科系，因此奠定了深厚的美術基礎。喜歡特別、不受拘束的繪畫風格，認為繪畫可以表現自我的獨特性。

許智傑
彰化人，喜歡走路，特技是徒步走了半個彰化。念了平面設計後反而開始畫插圖和作動畫，最近開始努力自己學作菜。

程樂薴
台北人，畢業於加州帕沙迪娜藝術大學。嗜吃甜食，熱愛巧克力，所以滿口蛀牙，但還是喜歡哈哈大笑。最喜歡故事，更喜歡實驗各種媒介來創作故事。得意技是看中文書頗快（曾經一天之內K完一本厚3cm的小說，哇哈哈哈哈哈～）

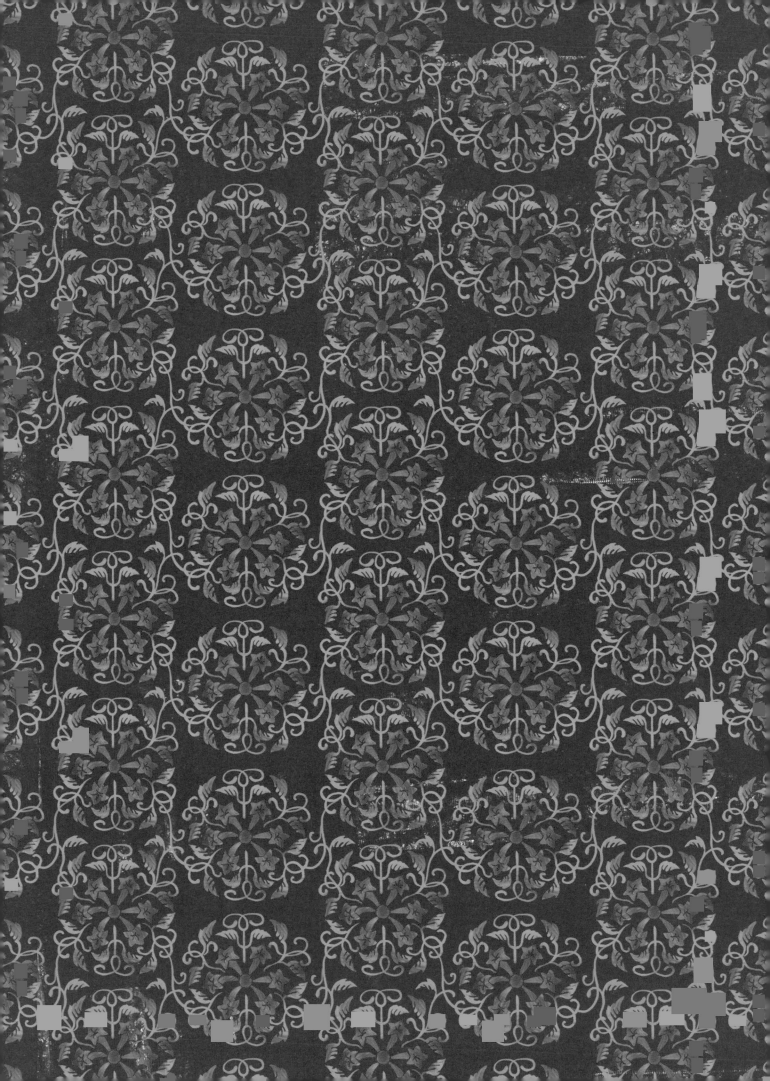